AF480828

CONQUISTANDO EL CAMINO

"A todos los que aún caminan buscando su propio horizonte: este libro es para ustedes."

JOSÉ GALVÁN

PRÓLOGO:
EN EL UMBRAL DEL CAMINO

Hay caminos que se recorren con los pies, y otros que solo se recorren con el alma. *Conquistando El Camino* nace de este segundo tipo: de esos senderos invisibles donde lo aprendido pesa más que lo andado, donde cada paso guarda un susurro, una herida, una revelación. Este libro no pretende enseñar, sino acompañar; no busca guiar, sino recordar lo que a veces olvidamos: que la vida es un tránsito hecho de luces y sombras, de comienzos y despedidas, de inocencias que nacen y de sabidurías que se apagan para renacer en otros.

Imagina, por un instante, poder contemplar tu propia vida desde dos vertientes, dos ángulos distintos o dos etapas opuestas en apariencia: la niñez que sueña y la vejez que comprende. Eso es lo que *Conquistando El Camino* ofrece a través de un niño que empieza y un anciano que termina; experiencias distintas, expectativas opuestas, pero unidas por las mismas pisadas y las mismas huellas que quedan atrás para quien sea capaz de encontrar en ellas un reflejo, una coincidencia o un eco de sí mismo. Ellos caminan juntos, no porque el destino lo exige, sino porque la vida sabe que todo ser humano se construye entre lo que fue y lo que quiere llegar a ser.

Aquí, cada capítulo es una pequeña ventana abierta al alma. Las historias revelan que la sabiduría no pertenece solo a los que han vivido mucho, ni la esperanza solo a los que comienzan: ambas habitan en todos nosotros, luchando por encontrarse en el punto medio del corazón. A veces el niño enseña lo que el anciano olvidó; a veces el anciano recuerda lo que el niño aún no sabe. Pero siempre, en cada paso, ambos descubren que la vida es un espejo que se fragmenta solo para mostrarnos más ángulos de una misma verdad.

Este libro habla del amor que salva, del dolor que transforma, de la fe que sostiene, del tiempo que desgasta y, al mismo tiempo, cura. Habla de ese aprendizaje misterioso que se acumula en silencio mientras caminamos, sin darnos cuenta. Y, sobre todo, habla del viaje interior que cada persona realiza cuando se atreve a mirar atrás sin rencor y hacia adelante sin miedo.

Quien lea estas páginas tal vez encuentre consuelo; tal vez encuentre preguntas; tal vez encuentre compañía para su propio sendero. Pero, si algo deseo profundamente, es que, al terminar, entiendas que no hay camino pequeño ni paso inútil. Cada tramo, por insignificante que parezca, forma parte de la gran conquista: la de conocerse, aceptarse y seguir avanzando.

Porque, al final, el camino no se conquista con los pies… Se conquista con el alma.

ÍNDICE

CAPÍTULO I

EL ENCUENTRO AL INICIO DEL CAMINO

Era un camino extenso en el tiempo. Su transcurrir se tornaba interminable, tan largo que se perdía en el horizonte, pareciendo que su final era inalcanzable. Estaba allí, extendiéndose como una cinta gris que se perdía donde el cielo y la tierra parecen unirse. Nadie sabía dónde empezaba realmente ni dónde terminaba. Solo que estaba vivo, cambiando con cada paso.

El sendero era polvoriento, bajo un sol que quemaba sin clemencia. Ese mismo sol apenas despedía, con un saludo indiferente, la mañana. A pesar del calor, la tierra todavía guardaba el frescor de la madrugada, y una brisa suave movía las hojas como si el camino mismo quisiera saludar.

El niño llegó primero. Llevaba un juguete de madera en el bolsillo, la mirada curiosa y la inocencia de quien aún cree que todo es posible.

Se detuvo frente a la entrada: un arco de piedra deteriorado por el tiempo y cubierto de hojas secas. Dudó por un instante. No sabía si debía cruzar.

Entonces, divisó la figura del anciano a lo lejos. Parecía parte del paisaje: quieto, sereno y tan gastado por el tiempo como las rocas que lo rodeaban. Sus pasos eran lentos y pausados, pero firmes, como si cada uno relatara una historia de victorias y derrotas.

El niño dudó si esperarlo o no, pero la curiosidad pudo más que el temor.

Al estar frente a él, descubrió que los ojos del viejo no tenían edad. Eran como espejos antiguos donde el tiempo había aprendido a callar. En su rostro se dibujaban las arrugas del tiempo, pero también brillaba una serenidad que solo los años conceden. En la mano llevaba un bastón gastado por los años y por otros senderos que ya había recorrido.

El niño lo miró con desconfianza, y el anciano sonrió con calma.

¿Estás perdido? preguntó el anciano.

El niño negó con la cabeza.

No estoy perdido… solo no sé a dónde voy.

El anciano sonrió.

Entonces estás exactamente donde debes estar.

¿Hacia dónde se dirige usted? preguntó el niño, tímidamente.

Deambulando por la senda, muchacho respondió el anciano con una leve sonrisa . El camino mismo me enseña hacia dónde ir.

¿Va a cruzar el arco? preguntó el niño.

Eso espero respondió el anciano . Pero un camino nunca se conquista solo.

¿Y cómo se llama este camino? cuestionó el niño.

Mientras el anciano respondía con calma, y a su propio ritmo, dijo:

Generalmente, los caminantes tienen que deducirlo por cuenta propia.

¿Pero cómo se puede saber el nombre de un sendero? preguntó de nuevo el chiquillo.

A medida que avances, nadie tendrá que responder. Si prestas atención, la respuesta vendrá sola respondió el anciano con voz enérgica.

Al avanzar, descubrirás que el suelo bajo tus pies parecerá transformarse también agregó . Lo que parecía áspero se vuelve firme, y lo que parecía lejano empieza a estar al alcance de la mano.

El primer paso, aunque pequeño, contiene la semilla de todas las victorias. Es decir, nadie conquista un horizonte de golpe, sino poco a poco.

Al oír la respuesta del anciano, su curiosidad siguió creciendo, y volvió a cuestionar:

¿Y en qué punto del camino puedo saber cómo se llama?

El anciano sonrió y dijo:

Eso mismo a tu edad preguntaba yo. Caminamos buscando respuestas, aunque cada paso sea un misterio.

¿Podría explicarme otra vez por qué se camina, abuelo? preguntó el niño con voz temblorosa.

El anciano sonrió, sin molestarse.

Porque caminar es la forma en que la vida nos enseña. Cada paso es un libro abierto, y cada piedra en el sendero es una palabra escrita para nosotros.

El niño bajó la mirada y contempló el suelo. Allí encontró, casi borradas, huellas de animales, ramas y hojas secas, y diminutas semillas de árboles bravíos. Todo parecía contarle algo que no había escuchado antes.

Entonces, ¿el camino habla? insistió.

Sí, hijo respondió el anciano. Habla con la voz del viento, con el cantar de los pájaros, con la quietud del ambiente y con el deseo de vivir. Solo quien camina despacio y con atención puede escucharlo. Solo así descubrirás que cada pisada tiene un eco, que cada respiro infunde vida y que el horizonte, aunque lejano, te esperará sin prisa.

El niño, intrigado por la serenidad del anciano, no pudo contener sus dudas:

¿No tiene miedo de perderse?

El miedo existe, claro contestó el anciano. Pero lo importante no es perderse o no, sino seguir avanzando y nunca rendirse. Cada paso nos lleva a una enseñanza, aunque no sepamos cuál todavía.

El niño, aún inseguro, observó el sendero que se extendía frente a él: irregular, misterioso, cubierto a veces por sombras, y otras por rayos de luz que se filtraban entre las nubes.

Por la chispa de interés en sus ojos, podía deducirse que entendía que el camino nunca se iniciaba de golpe, sino con una decisión silenciosa que se gesta en lo profundo del corazón.

Al notar la preocupación disfrazada de interés, el anciano entró en una explicación más profunda:

Cada paso inicial es como una declaración de fe, o un juramento sellado con sangre. No sabes exactamente a dónde te llevará, pero debes confiar en que avanzar es mejor que permanecer inmóvil. Al principio, tus pensamientos están llenos de dudas: ¿seré capaz?, ¿vale la pena este esfuerzo? Sin embargo, pronto comprenderás que esas preguntas no se responden antes de caminar, sino en el propio trayecto.

¿Y si nos detenemos? dijo el niño, con un atisbo de temor.

El anciano lo miró con gravedad.

Quien no avanza, retrocede, y el agua que se estanca, se pudre. Así también el alma, si deja de moverse, se marchita.

El niño bajó la vista hacia sus zapatos poco usados y luego miró al horizonte. Puso su mano en su pecho y guardó en su interior esas palabras que aún no comprendía, pero que un día florecerían en su corazón.

El anciano extendió una mano temblorosa, y el niño, después de un instante, la tomó.

No me soltaré dijo.

En ese instante, el anciano levantó la vista al cielo. Recordó otros comienzos, otros caminos, otras compañías que ya se habían perdido en la distancia. Sus ojos, sin embargo, no mostraban tristeza, sino gratitud.

Y con un apretón suave respondió:

No es necesario que me suelte… será el mismo camino el que un día nos enseñe a seguir cada uno por nuestro sendero. En este transcurrir todos desempeñamos un papel.

Desde ese instante, ambos pactaron caminar juntos. El anciano, con la sabiduría y precaución de la experiencia, y el niño, con la frescura de su inocencia, compartirían historias y silencios que llenarían el aire de un significado profundo.

No sabían hacia dónde los llevaba el sendero. No sabían si habría montañas o mares, ni si el final sería alegría o cansancio. Lo único cierto era que habían elegido ser lanzados a esa marcha llamada vida, que todo ser existencial ha de transcurrir, y que cada paso, aunque incierto, era necesario.

La tarde apenas cubría de sombras los primeros pasos del camino cuando el anciano y el niño emprendieron juntos la marcha. El bastón manoseado y gastado del anciano era símbolo de la experiencia acumulada; el niño, en cambio, cargaba solo con la inquietud de su curiosidad y con ojos inquietos que todo lo observaban, como si fuera la primera vez que se presentaba un arcoíris en el vasto firmamento. La unión de ambos era como la de un río y su cauce: uno traía la memoria de todo lo vivido, el otro la pureza de lo que recién nace. El anciano miraba la tierra con gratitud; el niño miraba el horizonte con ilusión e incertidumbre. Así comenzó la odisea, recordando ambos que no se camina por caminar, sino para aprender. Que la vida es el sendero, y que caminar es la única forma de honrarla.

De este modo, juntos, dieron los primeros pasos. Y, sin darse cuenta, el viaje había comenzado.

CAPÍTULO II
EL MAPA DEL CAMINO

El camino se volvió más pedregoso y el aire más fresco, en tanto el amanecer despuntaba sobre la colina. El anciano y el niño avanzaban bajo un cielo gris, mientras el sendero se bifurcaba en varios caminos. El aire fresco y el rocío aún brillaban sobre la hierba como pequeños espejos de luz cristalina. El anciano caminaba ligeramente delante, como si supiera exactamente hacia dónde se dirigían. El niño, intrigado, aceleró el paso para alcanzarlo.

Con mirada inquieta, el niño sostenía en sus manos un trozo de papel arrugado: era un mapa dibujado con trazos torpes, sin rutas claras ni destino aparente. No tenía nombres, ni caminos, ni ríos. Solo líneas curvas, formas extrañas, espacios vacíos y símbolos que el niño no entendía. Puros garabatos para quien no comprendía la magnitud del asunto. Era un mapa gastado por los años y las manos del tiempo.

El niño, interesado, preguntó con incertidumbre:

¿Qué es este papel, maestro?

Es el mapa del camino respondió el anciano con voz serena.

¿Qué clase de mapa es este? preguntó.

El único que vale la pena llevar respondió el anciano . Un mapa que no marca destinos… solo direcciones.

El niño miró una línea que parecía cruzar el papel como un río serpenteante.

No entiendo dijo.

Nadie lo entiende a la primera respondió el anciano . Y muchos lo tiran a la basura por eso.

El niño siguió mirando el mapa.

Pero… no hay un final marcado.

Porque el final solo lo descubre quien camina dijo el anciano . La vida funciona igual. No te dice adónde llegarás. Solo te da pistas para que avances.

¿Y qué muestra, abuelo? prosiguió el menor.

Un mapa no muestra el destino, hijo… sencillamente, muestra el modo de no perderte. No te dice dónde vas a terminar. Solo te muestra por dónde avanzar replicó el anciano.

El niño lo miró confundido.

Pero, maestro, ¿por qué necesitamos un mapa si el camino está frente a nosotros?

El viejo sonrió.

Porque no todos los caminos llevan a donde queremos ir, amado. Hay quienes caminan toda la vida sin llegar a ningún lado. Y como dice un viejo proverbio: quien no va a ningún lado, no necesita dirección.

El niño guardó silencio, reflexionando.

¿Y cómo sé si tengo dirección?

El anciano señaló el mapa, dibujando con el dedo una línea que se perdía entre las montañas.

La dirección nace del propósito. Sin propósito, el mapa es solo un papel vacío y sin ningún significado. Hay personas que un día quieren subir la montaña, al siguiente quieren cruzar el río, al siguiente conquistar el mundo, y al otro se cansan y se sientan sin haber llegado a ningún sitio. Son como viajeros sin brújula, arrastrados por el viento de sus emociones. Como niños fluctuantes, zarandeados por las olas y llevados de aquí para allá.

El niño, minucioso, volvió a preguntar:

¿Quién dibuja el mapa, abuelo?

El anciano afirmó de manera pausada:

Generalmente, el mapa lo traza el caminante, pero otras veces es determinado por las circunstancias.

¿Y dónde lo consigues? indagó el menor.

A lo que el anciano respondió:

En diferentes lugares. Muchas veces lo heredamos de nuestros padres o antepasados, lo desarrollamos nosotros mismos, lo copiamos de alguien, y otras veces surge de las circunstancias, de travesías difíciles e infortunios.

Maestro preguntó el niño , ¿cómo sabremos por dónde ir si el mapa no muestra el final?

El anciano sonrió, apoyándose en su bastón.

El mapa no está hecho para mostrarte el final, sino para recordarte que debes tener una dirección.

Quien desea llegar, aunque no sepa el punto exacto, necesita planear cada paso.

El niño observó el horizonte, dudando.

¿Y si me equivoco? ¿Y si elijo mal?

Entonces aprenderás, como aprendemos todos respondió el anciano con voz serena. El error también forma parte del camino. No todos los pasos son perfectos. A veces pisamos de manera errada.

Recuerda siempre que un paso no te lleva a tu destino final, pero te mueve del lugar donde estás.

El niño se sentó a su lado y observó los caminos marcados.

Entonces… ¿hay que planificar cada paso?

El anciano movió la cabeza lentamente.

No cada paso, pero sí el rumbo. No planear, no trazar un rumbo, es como caminar con los ojos cerrados. Nadie que desea construir una torre deja de calcular primero si tiene los medios para terminarla. Si tiene las piedras, el tiempo y la fuerza para concluir. Así también, nadie que desea alcanzar un sueño puede avanzar sin una idea clara de lo que busca. Así es la vida: quien no planea, se pierde. El mapa no evita los tropiezos, pero te enseña hacia dónde volver cuando los tengas.

El niño pensó un momento y dijo:

Entonces… ¿el camino verdadero no tiene destino?

El anciano sonrió.

Tiene muchos. Pero solo uno será el tuyo.

El niño también sonrió, y con un palito comenzó a dibujar su propio mapa en la tierra, de manera cómica y a modo de práctica.

Entonces, maestro, ¿debo hacer el mío también?

Sí, hijo respondió el anciano con una leve sonrisa. Traza tu mapa con sueños, pero también con prudencia. Marca tus metas, pero deja espacio para las contingencias, porque el camino tiene su propio pulso.

Sin propósito, todo camino se vuelve cansancio. El anciano prosiguió:

La vida es idéntica a este viaje. Hay quienes comienzan con entusiasmo, pero sin dirección; se desvían, se cansan y terminan por perderse. Y hay quienes trazan su rumbo, pero no aceptan que los vientos cambian, que los ríos se desbordan, que el terreno no siempre será llano. Esos también se frustran. El sabio entiende que el mapa es una guía, no una prisión. Debemos adaptarnos, pero nunca caminar sin norte. El viaje de la vida se trata de una serie de ajustes.

¿Y si se me pierde el mapa, maestro? preguntó en voz baja el menor.

Si te pierdes, recuerda hacia dónde ibas. Porque, cuando el corazón tiene un norte, los pies siempre hallan el camino. A veces hay que perder para poder ganar. Trata de aceptar que, en el camino, lo único que no te podrán quitar es lo que has vivido. Y que lo único que te vas a llevar es lo vivido; por lo tanto, comienza a vivir lo que te quieres llevar.

Desde hoy comenzaré a vivir todas esas cosas que son invisibles a los ojos y que, al mezclarlas, llenan el alma contestó el niño.

El viento soplaba con fuerza, agitando las hojas de los árboles. El anciano se detuvo y miró al niño.

Recuerda esto: quien no tiene claro hacia dónde va, cualquier camino lo distrae. No vivas distraído, vive con propósito. No naciste para ser perfecto, pero sí para ser feliz. Y no esperes ser rico para ser feliz, ya que la felicidad es gratis.

¿El mapa nos garantiza caminar por donde no hay sufrimientos, abuelo? preguntó el niño, con una expresión de curiosidad no disimulada en el rostro.

Nadie está libre de sufrimiento y todos tenemos la obligación de aprender a enfrentarlo con sabiduría y humildad asintió el abuelo . Pero es importante tener en cuenta que el sufrimiento humilla a los orgullosos, suaviza a los necios y, a los duros, derrite silenciosa y consistentemente.

A veces debemos ser heridos para crecer. Debemos fracasar para saber. Debemos perder para ganar. Porque algunas lecciones de la vida se aprenden mejor a través del dolor. En la antigüedad, el buen oro, para ser probado, tenía que ser pasado por fuego.

El niño asintió lentamente, doblando el mapa con cuidado. A cada paso comprendía que aquel papel, más que un dibujo, era un reflejo de su vida. Guardó el mapa dentro de su pequeña bolsa y miró al anciano con ojos llenos de determinación.

Entonces, maestro, ¿cuál es nuestro siguiente paso?

El anciano sonrió y señaló el horizonte.

Caminar, hijo. Pero esta vez, sabiendo por qué.

Y así siguieron, bajo un cielo que comenzaba a despejarse, dejando ver un ribete de luz al final del sendero.

El camino ya no parecía incierto, sino prometedor. Porque, más allá de la distancia, lo importante era tener un rumbo, un sueño y el valor de avanzar hacia él.

CAPÍTULO III
EL PARALELISMO DEL CAMINO Y LA VIDA

El sol comenzaba a declinar, y los últimos rayos maquillaban los bordes del sendero. El anciano caminaba con paso lento, apoyando su bastón en la tierra seca, mientras el niño observaba las huellas que ambos dejaban atrás.

El aire olía a polvo y a distancia. En ese silencio sereno, el niño habló:

Maestro… ¿por qué a veces siento que este camino se parece tanto a la vida?

El anciano sonrió con ternura, sin detener su paso.

Porque lo es, hijo. El camino y la vida son el mismo viaje con nombres distintos. Uno se recorre con los pies… y el otro con el alma.

El anciano, con mirada profunda, siguió hablando:

El camino y la vida son lo mismo. Hay tramos donde todo es llano, donde el aire es fresco y el sol brilla con fuerza. Ese es el tiempo de la juventud, cuando el cuerpo está fuerte, cuando los pasos se dan con ligereza y las montañas parecen fáciles de conquistar. Es en ese tiempo donde deben hacerse las grandes cosas, porque para eso el camino nos prepara: para aprender, para preguntarnos cosas, para estudiar, para trabajar, para formar un hogar y levantar a los hijos que más tarde continúen andando.

Antes de eso, cuando apenas éramos niños, caminábamos sostenidos por la mano de otros, dependiendo de quienes nos guiaban, igual que un viajero depende de la luz de la antorcha que no sostiene él mismo. La niñez es ese tramo inicial en el que apenas comenzamos a distinguir el canto de los pájaros, a conocer las piedras, las espinas y las flores del sendero.

Luego llega la adultez, cuando el terreno se vuelve más exigente. Es el momento de construir, de tomar decisiones firmes, de sostener el paso aunque el suelo se vuelva pedregoso. Es allí donde se prueba la fortaleza del caminante, porque ya no hay quien lleve su carga. Cada decisión abre un sendero nuevo y cada responsabilidad es como una mochila que debe ser cargada con paciencia.

Y más adelante, como todo viajero, llegamos a la vejez. Entonces el camino deja de ser tan claro, se llena de cuestas, de lomas pesadas, de piedras que hacen tropezar. Los pasos se vuelven lentos, el cuerpo ya no responde con la misma fuerza, los dolores se multiplican, y lo que antes parecía sencillo ahora exige descanso. La vejez es ese tramo final donde lo más sabio no es correr, sino contemplar, recordar lo andado, agradecer el privilegio de haber llegado hasta allí, y tratar de enseñar a otros lo aprendido.

Así es la vida, hijo mío: primero dependemos, después construimos y al final descansamos. Cada tramo tiene su propósito, y ninguno es en vano. La juventud es para sembrar, la adultez para sostener y la vejez para cosechar paz. El camino nos lo enseña con claridad: no siempre será llano, no siempre habrá sol, pero cada paso, fácil o difícil, forma parte de la misma travesía.

El niño caminaba con pasos apresurados. Su curiosidad lo empujaba hacia adelante como si el futuro lo esperara tras la próxima curva.

El anciano, cansado, pero con la serenidad que da la experiencia, se quedó un poco atrás, confiando en que el pequeño sabría mantener el rumbo.

La senda se bifurcaba ante ellos, y el niño, sin pensarlo demasiado, eligió un camino. Avanzó con entusiasmo, convencido de que cada paso lo acercaba a algo nuevo. Pero, al cabo de un rato, al levantar la vista, descubrió que estaba otra vez en el mismo lugar.

El mismo árbol torcido. La misma piedra enterrada en el suelo. El mismo silencio extraño que parecía observarlo todo.

Confundido, eligió otra senda. Caminó, corrió, tropezó. Y, una vez más, regresó al mismo punto.

El anciano lo alcanzó y, con una sonrisa apacible, le dijo:

La vida tiene una forma curiosa de enseñarnos. Si no aprendes la lección, volverás a enfrentarla una y otra vez. El camino puede cambiar de apariencia, pero la enseñanza será la misma.

El niño frunció el ceño, exhalando con frustración.

¿Quieres decir que, aunque me esfuerce, aunque corra sin detenerme, puedo regresar siempre al mismo sitio?

Exactamente respondió el anciano. Dios, la vida o el mismo camino repiten las lecciones hasta que el alma las entiende. Lo que cambia son los escenarios, pero la raíz es la misma.

El niño volvió a intentarlo. Una tercera vez tomó otro sendero, convencido de que esta vez sería diferente.

Sin embargo, cuando creyó haber avanzado hacia lo desconocido, se encontró nuevamente frente al mismo árbol torcido, al mismo cruce, al mismo comienzo.

Se dejó caer al suelo, derrotado.

No puedo salir de aquí dijo con lágrimas en los ojos.

El anciano se arrodilló a su lado y le habló con ternura:

No se trata de correr más rápido ni de buscar un atajo. Se trata de aprender. Mientras no entiendas lo que este lugar quiere enseñarte, siempre volverás aquí.

El niño, confundido, susurró:

¿Y qué tengo que aprender?

El anciano le puso la mano sobre la cabeza.

Que la vida no es huir ni repetir errores, sino detenerse, mirar dentro de uno mismo y comprender. Solo cuando cambias por dentro, el camino cambia por fuera.

El niño guardó silencio. Respiró profundo y, por primera vez, no corrió, no se apresuró, no buscó otro desvío. Se quedó quieto, escuchando el murmullo del viento que acariciaba los árboles. Y fue entonces cuando el paisaje comenzó a cambiar. El cruce de caminos se desvaneció lentamente. El árbol torcido desapareció, la piedra se volvió polvo, y ante sus ojos se abrió un nuevo sendero, distinto a todos los anteriores.

El anciano sonrió con satisfacción.

Has aprendido. El camino siempre espera, pero no perdona la distracción: hasta que no escuches su enseñanza, te hará volver una y otra vez.

Caminaron un rato en silencio. El niño, aún conmovido, miraba al anciano como si recién entendiera el misterio del andar.

¿Por qué el camino nos hace repetir las mismas cosas? preguntó.

El anciano respondió con serenidad:

Porque la vida también lo hace. Hay quienes cambian de ciudad, de oficio o de compañía, y aun así se encuentran con los mismos problemas. No es el lugar, hijo, ni la gente. Es la lección que aún no han aprendido.

El niño lo escuchó con atención, y al cabo de un momento añadió:

Entonces, si aprendo lo que debo, el camino se abrirá.

Así es dijo el viejo . El sendero no castiga, enseña. Solo repite lo necesario hasta que el corazón comprende.

El anciano continuó con voz pausada, mirando hacia el horizonte:

Muchos viven atrapados en el ciclo de la repetición. Tropiezan con la misma piedra, aman de la misma forma equivocada, confían en las mismas promesas vacías. Y creen que el tiempo cura, cuando en realidad es la comprensión la que sana. Esto es lo que podríamos llamar estar sinceramente equivocados.

El niño bajó la cabeza, pensativo.

Entonces, ¿vivir es aprender a no repetir?

No del todo respondió el anciano . Vivir es repetir con conciencia, sin caer en los mismos errores. Es saber cuándo avanzar, cuándo detenerse, cuándo insistir y no rendirse, y cuándo soltar.

El camino, ahora despejado, parecía más luminoso. El aire olía a tierra fresca, como si el sendero celebrara su comprensión.

Mira bien, muchacho continuó el anciano. Cada tramo del camino tiene su propósito. Algunos te invitan a correr, otros te obligan a esperar. Hay caminos que te enseñan paciencia y otros que te enseñan valor. Pero todos, absolutamente todos, te devuelven a ti mismo.

El niño sonrió.

¿Y si me pierdo de nuevo?

Entonces recuerda lo aprendido. Cierra los ojos, escucha tu interior y vuelve a comenzar. No hay camino equivocado para quien camina con el corazón despierto y la intención de mejorar.

Entonces, el niño frunció el ceño, pensativo.

¿Y por qué razón algunos avanzan tan rápido y otros se quedan atrás?

Porque cada uno lleva distinto peso respondió el anciano . Hay quienes caminan cargados de culpas, otros llenos de orgullo o miedo. Y hay quienes viajan ligeros, porque aprendieron a perdonar, a soltar lo que no pudieron cambiar. La vida no se mide por la distancia recorrida, sino por la ligereza con la que la recorres, y los cambios y ajustes que puedas hacer.

La vida y el camino son, en esencia, la misma senda. En uno se desgastan los pies, y en el otro, la existencia. Ambos requieren equilibrio, atención y sabiduría. En ambos hay subidas que cansan, bajadas que asustan y llanuras que parecen no tener fin. Pero lo más importante digo siempre es saber en qué tramo del camino estás. Muchos corren cuando deberían contemplar, y otros se detienen por miedo justo cuando el horizonte comienza a abrirse.

La vida, como el camino, tiene estaciones, y cada una tiene su propósito.

Hay tiempo de andar y tiempo de descansar, tiempo de sembrar y tiempo de cosechar, tiempo de recibir el abrigo de otros y tiempo de convertirse en abrigo para los demás.

El sabio no es el que avanza más rápido, sino quien comprende en qué momento del trayecto se encuentra y camina conforme a ello. Lo repito a menudo: muchos se pierden no porque el camino sea difícil, sino porque no saben quiénes son ni en qué etapa viven.

Hay jóvenes que caminan con el cansancio de los viejos, resignados antes de tiempo, sin sueños, sin curiosidad, con la esperanza marchita. Y hay ancianos que, en vez de honrar los años vividos con serenidad, buscan repetir las imprudencias de su juventud, sin aceptar que cada ciclo tiene su propia belleza y enseñanza.

El camino de la vida no es una competencia; es un proceso. A veces se avanza compartiendo risas, otras veces derramando lágrimas. Hay días en los que la vida te da compañía, y otros en los que solo te ofrece silencio. Pero ambos son necesarios, porque tanto la voz como el silencio nos enseñan algo del alma. Quien no entiende en qué trecho del sendero está, camina en círculos.

Madurar no tiene que ver con los años, sino con la comprensión. Madurar no es perder juventud, sino ganar claridad. Es reconocer que hubo un tiempo para correr y ahora hay un tiempo para guiar; que hubo un tiempo para buscar y ahora hay un tiempo para compartir lo hallado. Y cuando la jornada se acerque a su ocaso, entenderás que todo estuvo perfectamente tejido: cada paso, cada desvío, cada pausa.

Porque la vida, como el camino, no se trata de llegar lejos, sino de llegar con el alma en paz, sabiendo que has vivido cada etapa con conciencia, amor y gratitud.

El niño miró hacia el horizonte.

¿Y las piedras del camino? ¿Son castigos?

No, muchacho dijo el anciano .

Las piedras son lecciones. Si tropiezas y caes, te enseñan humildad. Si las apartas, te enseñan compasión. Si las usas para construir un puente, te enseñan sabiduría. Cada obstáculo lleva una enseñanza oculta, y quien la entiende, avanza con propósito.

Caminaron unos metros en silencio. Una brisa fresca levantó el polvo a su alrededor. El niño volvió a hablar:

A veces me canso, maestro. Siento que el camino no tiene fin… que avanzo, pero no llego.

El anciano detuvo su paso y miró al cielo, donde las primeras estrellas asomaban.

Así es la vida, hijo. No es una meta lo que nos espera, sino una manera de andar. El sentido no está en llegar, sino en comprender. Quien solo vive esperando el final, se pierde el milagro de cada paso.

El niño suspiró.

Entonces, ¿vivir es caminar?

Vivir respondió el anciano con voz suave es caminar amando, es caminar con tolerancia. Es detenerse cuando otro cae, es compartir el pan, es mirar atrás y no sentir vergüenza de las huellas que has dejado. Porque el verdadero triunfo no es llegar antes, sino llegar con el alma intacta.

Siguieron avanzando, mientras el viento jugaba con las hojas secas. El anciano añadió:

Recuerda esto, muchacho: el camino no cambia, lo que cambia es el caminante. La vida no se mide por años, sino por conciencia. Y quien camina con amor, aunque sus pasos sean lentos, siempre va más lejos.

El niño sonrió, comprendiendo por primera vez que el camino no era una senda de tierra, sino el reflejo de la vida misma, el espejo del caminante, donde cada paso es una decisión, y cada decisión, una forma de vivir.

Ambos siguieron andando. El anciano, con paso lento pero firme. El niño, con el alma ligera y los ojos atentos, comprendiendo por fin que el camino no se mide en distancia, sino en conciencia. Sintiendo que el sendero bajo sus pies se volvía espejo de su propio destino. Y que, al igual que en la vida, no se trata de huir de las cuestas o de los pedregales, sino de aceptar cada tramo con sabiduría, porque todo tiene su tiempo, y cada etapa prepara el alma para el siguiente paso.

CAPÍTULO IV
LA TORRE QUE
VIGILA LOS PASOS

Al inicio de un hermoso día, cuando el horizonte aún estaba lleno de promesas y los senderos parecían infinitos, la seriedad de las conversaciones no agotaba las ganas de seguir adelante.

Sus pasos dejaban huellas apenas visibles en la tierra, como si el sendero quisiera guardarlas en secreto. El silencio entre ellos era tranquilo, como una pausa donde cada quien escuchaba el latido de su propia vida.

Ya habían avanzado un buen trecho del camino, pero, al acercarse a un lugar único y casi inverosímil, no tuvieron más remedio que detenerse. De pronto, el anciano y el niño se encontraron frente a una torre que se erguía solitaria entre la bruma de la mañana.

En el mismo centro del camino y a una distancia milimétricamente exacta de su diámetro, se erigía, como una especie de gigante, esta gran torre, que servía de guía, como faro a un barco que navegaba en alta mar. Su presencia era majestuosa, silenciosa, y el aire que la rodeaba parecía contener un secreto que solo podía revelarse a quienes caminaban con el corazón abierto.

Majestuosa y silenciosa, adornada con símbolos que parecían tan antiguos como el tiempo. Nunca se supo el origen de su construcción, el porqué, ni cómo fue fraguada allí, pero sentían que siempre había estado en el sendero, esperándolos.

Su cúspide, desde cualquier ángulo, hacía contraste con el sol, y en las noches se colocaba en el mismo trayecto de la diáfana luz de la luna. En tiempos de lluvia, pareciese como si las nubes besaran su cúspide y de ella emanara un torrente de gotas de agua cristalina, que podrían confundirse con los más exquisitos diamantes blancos del África colonial.

En su parte contigua al suelo la embellecía una pared rocosa, y que a la vez la convertía en una especie de ciudad amurallada. No contaba con vigilantes, como las antiguas ciudades de refugio. La bien trabajada cerca no tenía puertas; por lo tanto, era fácil el acceso al interior de sus atrios a través de un espacio dejado como a propósito.

La gran mayoría de los peregrinos hacían un alto en el camino, ya sea por necesidad o curiosidad, para contemplar la originalidad de aquel lugar. El interior de la torre era inaccesible y su puerta de acceso, indescifrable, tanto así que muchos, al adentrarse en el jardín, levantaban su mirada al firmamento, la rodeaban de forma circular y, con comentarios diversos, continuaban su camino.

Su ubicación hacía imposible evadirla. Erguida contra el cielo, y tan alta que parecía tocar el firmamento. Sin duda, quien o quienes la concibieron lo hicieron con la intención de que fuera una experiencia en el proceso o viaje. Generalmente, los próximos minutos, horas y segundos posteriores a la pausa, el tema de conversación era el lugar, si venían acompañados, y de meditación si andaban en solitario.

Todos coincidían en que el lugar era una especie de obra de arte, un poco mágica, mística y, ¿misteriosa…? ¿por qué no?

Contaba con un jardín de flores silvestres, como si pareciera que alguien de manera minuciosa las cuidara. Muchos aseguraban poderes curativos de los cuales eran testigos.

El haber sido sanados de males psíquicos y somáticos se explicaba por el informal santuario de ofrendas de gratitud empalmado a un costado de la pared. Al pie de la torre, viajeros dejaban flores, piedras o simples gestos de gratitud.

Maestro dijo el niño , ¿qué significa esta torre? ¿Por qué se alza así, como observándonos?

El anciano lo miró con calma, y sus ojos brillaron con la memoria de viejas experiencias.

Esta torre, hijo, no es un lugar. Es un espejo del alma. Es la altura a la que debemos mirar para descubrir lo que somos y lo que hemos sido. Y el hueco que ves en su cima… no es un hueco que mira y juzga, sino un referente de valor que nos recuerda nuestra conciencia, la voz interior que siempre nos acompaña, incluso cuando el camino se vuelve difícil.

¿Y por qué dejan cosas aquí? preguntó curioso el niño.

Porque caminar es un regalo respondió el anciano . Y quienes llegan hasta esta torre agradecen estar vivos, agradecen los pasos que aún pueden dar, los ojos con los que aún pueden ver el camino, y la compañía con la que pueden disfrutar. El presente, como su nombre lo indica, es un regalo, y por ende debemos considerarlo como tal.

El niño caminó alrededor de la base de la torre, tocando la piedra fría y sintiendo la densidad de los años que la habían formado. Se paseó por sus atrios y florido derredor, observando con detalle, y con esa mirada que descubre lo que otros pasarían por alto.

Entonces, maestro preguntó , ¿qué debemos aprender de ella?

Aprenderemos que el silencio tiene un lenguaje propio respondió el anciano . Que la sabiduría no se encuentra en las voces que gritan, sino en la quietud que nos permite escuchar nuestro interior. Y que observar la torre no significa ascender físicamente, sino comprender, contemplar y reconocer la verdad que ya vive dentro de nosotros.

Abuelo, ¿usted cree que hay alguien arriba? preguntó el niño, curiosamente, con la emoción de quien encuentra un misterio.

Siempre hay alguien que nos observa desde lo alto dijo el anciano . No solo nuestros pasos, sino lo que sembramos al andar y decimos al caminar.

La torre, silenciosa, parecía observarlos desde lo alto, como recordándoles que en la vida siempre hay ojos invisibles que nos miran: los de la conciencia, los de la memoria, los de lo sagrado. Cada paso, cada acto, deja huella no solo en el polvo del camino, sino en lo que nos trasciende.

¿De verdad nos está mirando alguien? susurró el chiquillo.

El anciano entrelazó sus brazos sobre el pecho.

No lo sé. Quizás sea el cielo, quizás la vida misma. Pero lo importante no es quién mira, sino recordar que no caminamos solos. Siempre hay una mirada invisible que nos acompaña.

El viento soplaba suavemente, levantando pequeñas nubes de polvo alrededor de sus pies. El niño respiró profundo, sintiendo una calma desconocida, y comprendió que aquel encuentro con la torre era el inicio de algo más grande que él mismo.

Recuerda, hijo dijo el anciano mientras se alejaban del umbral , que la grandeza no siempre se mide por la altura alcanzada, sino por la claridad con la que uno observa desde el silencio.

Como muestra de gratitud por el privilegio de caminar, el niño y el anciano, en medio de su charla, también dejaron su ofrenda: un dibujo infantil y una rama marchita recogida al pie de un árbol silvestre, parte de la flora nativa del lugar.

Al proseguir su camino, tuvieron que pausar su conversación por un instante, mientras respiraban de manera agitada. Debatieron aceptar el escalofrío y fervor que se experimentaba en el lugar. Pero en lo que sí ambos estaban de acuerdo, y de manera unánime, es que pareciera que sin dudas alguien observaba desde la cúspide, y que al alejarse era como si sus fuerzas hubieran sido renovadas.

Y de esta manera continuaron su camino, con la torre quedando atrás, pero con su mensaje grabado en el corazón: un recordatorio de que la verdadera mirada siempre comienza dentro.

CAPÍTULO V
EL VALLE DE HUESOS SECOS Y EL ECO DEL ESFUERZO PERDIDO

El niño y el anciano continuaron avanzando. El sendero, que antes se mostraba firme y luminoso, comenzó a descender lentamente hasta abrirse en un valle extraño, silencioso, cubierto por una bruma leve que parecía guardar secretos.

Ambos fijaron la vista en un tronco enterrado a un costado del camino. Era un aparente árbol milenario, que el último tornado en la zona había hecho trizas. Y justo detrás de aquel gigantesco tronco y del resto de la maleza, podían encontrarse huesos dispersos por todo derredor. Algunos a media superficie, otros a la intemperie, como si descansaran junto a las cruces que orgullosamente los adornaban.

No se necesitaba mucha inteligencia para llegar a la conclusión de que el lugar era un cementerio de seres que alguna vez fueron parte del camino. La representación de los difuntos era vasta. Huesos yacían por doquier, de todas las edades, tamaños, posiblemente etnias y, de seguro, color de piel.

La causa de muerte era descifrable en este valle de huesos secos, y por simple inspección y el tamaño del lugar se vislumbraba una amplia amalgama de males, entre los cuales se destacaban: edad, deshidratación, fallos del corazón, suicidios, sangrados e infecciones de toda variedad.

Allí, ante sus ojos, se extendía un cementerio sin nombre. No era un lugar ordenado, como los cementerios que conocen los hombres, sino un valle inmenso donde reposaban huesos y cuerpos apagados de todas las épocas.

Era un mar de fragilidad expuesto al sol y al viento: restos pequeños y grandes, oscuros y claros, antiguos y recientes, confundidos unos con otros, como si todos, al final, compartieran el mismo destino.

Se respiraba un miedo que salía de entre los huesos. Un sentimiento de esos que solo se experimentan una vez en la vida.

El niño se estremeció.

¿Qué es este lugar?

El anciano bajó la mirada.

Es el recordatorio de lo que somos. Aquí descansan los que caminaron antes que nosotros. Algunos llegaron al final de sus años, otros fueron detenidos por enfermedades, y muchos ni siquiera supieron por qué la muerte los encontró en el camino. Así es la vida: incierta, frágil, impredecible.

¿Aquí descansan los que ya no siguen el camino? preguntó con voz temblorosa.

El anciano asintió.

Sí… pero descansar no significa desaparecer. Ellos caminaron antes que nosotros, y cada huella que dejaron sigue viva en quienes los recordamos.

El niño se agachó junto a una tumba cubierta de musgo. Entre las grietas de la piedra había brotado una pequeña flor color violeta. La acarició con cuidado y la besó.

Entonces… ¿es como esta flor? dijo . De lo viejo nace algo nuevo.

El anciano sonrió, sorprendido por la claridad de aquella respuesta.

Exacto. La vida nunca se detiene. Solo cambia de forma.

En unos instantes, el niño, con inocencia, se inclinó y tomó un hueso pequeño, quizá de alguien que nunca llegó a crecer.

Lo sostuvo en silencio, comprendiendo sin palabras que la vida no garantiza la vejez, ni la fuerza, ni el mañana.

¿Todos venimos a parar aquí? preguntó con voz vacilante.

Todos respondió el anciano con solemnidad . No importa la edad, los recursos, la raza ni el lugar de donde vengamos. Todos estamos hechos de polvo, y al polvo regresamos. Lo único que cambia es el tiempo y la forma, pero el final es el mismo.

Un viento recorrió el valle y los huesos sonaron entre sí, como si se quejaran o como si narraran historias olvidadas. Era un murmullo extraño, semejante a un coro de advertencias y alusiones.

El anciano tomó al niño de la mano y lo guió entre los restos, caminando con respeto.

Este valle nos enseña algo importante: la vida es frágil, y debemos caminar con cuidado. Cada decisión, cada paso, puede acercarnos o alejarnos de este final.

El niño lo miró con ojos asustados.

¿Y si yo también me muero pronto?

El anciano acarició su cabeza con ternura.

Todos podemos morir en cualquier momento, pero lo que importa no es cuánto duremos, sino cómo caminamos mientras estamos vivos. El temor también forma parte de la ecuación de la vida. Recuerda siempre que, cuando vives tu vida con miedo, estás viviendo tu vida a medias.

El niño guardó silencio, abrazando en su corazón el peso de esa verdad. Y mientras salían del valle, comprendió que aquel cementerio no estaba allí para dar miedo, sino para enseñar e instruir: la vida no debe darse por sentada, porque cada instante es un regalo.

El sol continuó su descenso lentamente, calentando poco a poco los linderos del camino. El anciano y el niño continuaron su marcha por un largo rato, sin pausa pero sin prisa, envueltos por el murmullo del viento que rozaba los árboles. A lo lejos, un ave trazaba círculos sobre el cielo encendido, como si buscara un rumbo que no existía.

El niño rompió el silencio:

Maestro… ¿usted ha conocido a alguien que creyó haber encontrado su destino, y al final descubrió que solo había sido usado?

El anciano lo miró con dulzura y asintió:

Sí, hijo. Conocí a un hombre que desde joven creyó haber hallado el sentido de su vida en un trabajo. Pensaba que el esfuerzo constante era la llave de la plenitud. Y trabajó… trabajó sin descanso, como si el tiempo no tuviera fin. Trabajó como si el trabajo fuera su única opción o como si fuera a vivir para siempre.

Sus días se llenaron de rutinas y sus noches de cansancio. Cada amanecer le robaba un poco de vida, y él lo entregaba gustoso, convencido de que aquel sacrificio le daría un mañana más seguro. No tomaba vacaciones, no celebraba los momentos sencillos, no se detenía a mirar el cielo. Guardaba dinero, pero olvidaba guardar recuerdos. Olvidaba crear nuevas memorias. Hizo del trabajo su mecanismo de defensa y su excusa para no enfrentar otros retos en la vida.

El niño lo escuchaba con los ojos abiertos, casi temiendo la conclusión, y mirando en su memoria, como si fuera una película de misterio, el cementerio recién rebasado.

¿Y qué ocurrió con él, maestro?

El anciano suspiró profundamente.

Cuando sus fuerzas comenzaron a menguar, cuando sus pasos ya no eran tan firmes y sus manos temblaban, cuando su capacidad productiva mermó, el sistema al que había servido simplemente lo apartó. Simplemente lo sustituyeron por alguien más joven y más barato. Le dieron una carta, un pergamino de reconocimiento, una sonrisa vacía y un silencio prolongado. Todo lo que fue, se volvió un archivo olvidado en una gaveta polvorienta.

El anciano se detuvo. Miró el horizonte y dijo con voz baja:

El hombre se dio cuenta, al final, de que había girado sobre el mismo círculo, creyendo avanzar. Que había perdido los años más preciosos de su vida dando lo mejor de sí a lo que nunca tuvo alma. Que realmente había arado en el mar, y guardado en bolsa rota.

El niño bajó la mirada y dijo:

Entonces, ¿trabajar tanto fue su error?

A lo que el anciano negó con la cabeza, y contestó:

No, hijo. El error no fue trabajar, sino olvidar para qué se trabaja.

El trabajo dignifica al ser humano. El trabajo es noble cuando construye vida, pero se vuelve una cadena cuando roba el alma. No hay virtud en el esfuerzo que destruye al que lo ofrece. Siempre ten presente, hijo mío, que no se vive para trabajar; en cambio, se trabaja para vivir.

Caminaron otro buen trecho en silencio. Cada uno maquinando pensamientos en su propia mente, mientras la tarde se volvía más adulta, como si el cielo quisiera guardar el instante, y como si el silencio fuera cómplice de ambos.

El anciano prosiguió:

El hombre debe sembrar con sus manos, pero también con su corazón. Porque el fruto del trabajo no está en lo que se gana, sino en lo que se vive mientras se siembra. El esfuerzo sin propósito es como caminar sin dirección: se avanza, sí, pero hacia ninguna parte.

El niño lo observó con ternura y preguntó:

Maestro… ¿cómo sabré si mi esfuerzo tiene sentido?

El anciano sonrió, y su voz se volvió casi un susurro:

Lo sabrás cuando tu trabajo te acerque al amor, a la paz, a la satisfacción y a ti mismo. Quien se esfuerza con alma encuentra descanso aun en la fatiga. Pero quien se vende al sistema y olvida su esencia, un día despertará vacío, con las manos llenas de nada. Con una mano delante y otra detrás.

La brisa sopló de manera sutil, levantando el polvo del camino. El anciano miró hacia el ocaso y concluyó:

Recuerda esto, hijo mío: la vida no premia al que más se cansa, sino al que más sabe amar en medio del cansancio. Porque el verdadero éxito no está en llegar lejos… sino en llegar con el alma intacta. Hay que trabajar, pero hay que hacerlo de manera inteligente.

El valle quedó atrás, pero la imagen de los huesos secos quedó grabada en ellos como una advertencia eterna: todo lo que camina, un día se detendrá.

CAPÍTULO VI
LAS MONTAÑAS

Al cabo de semanas de camino, el niño y el anciano habían enfrentado incontables retos y peripecias. Algunos los tomaron con ligereza, otros con valentía, según lo exigiera la circunstancia. Pero ninguno se comparaba con lo que ahora tenían frente a sí. Y nada los preparó para lo que encontrarían a continuación.

Tras descender una pendiente rocosa de casi medio kilómetro, entre peñascos y suelo pantanoso, llegaron a un pequeño llano donde la vegetación se abría como si la misma naturaleza quisiera mostrarles un secreto. Allí, ante sus ojos, se levantaban dos montañas majestuosas, altas, imponentes, casi gemelas, divididas por un pasadizo natural y oscuro que cortaba la densa floresta como una herida profunda en el pecho de la tierra. El espectáculo era tan imponente que por un instante ambos quedaron en silencio.

El anciano, jadeante, miró con asombro.

¿Acaso estaré delirando? dijo mientras se limpiaba el sudor del rostro . Creo que el cansancio agotó nuestra visión.

¿Te refieres a las montañas o a su pasadizo? preguntó el niño con curiosidad.

A ninguno de los dos respondió el viejo, con la mirada fija y profunda . Me refiero a lo que se mueve debajo de los árboles.

El niño, confundido, exclamó:

Entonces acláreme la mente, porque no entiendo nada.

El anciano entrecerró los ojos y señaló hacia la falda de la montaña:

¿No notas movimiento debajo de aquellos árboles? Si la vista no me falla, parece que hay alguien acostado en el pasto.

¿Alguien? dijo el niño . ¡Sin duda hay más de uno!

Al acercarse con cautela, descubrieron un pequeño grupo de viajeros que descansaban junto a la entrada del pasadizo. Sus rostros mostraban cansancio, pero también una mezcla de temor y esperanza. Discutían cómo atravesar el estrecho desfiladero.

¿Cree usted que habrán notado que estamos aquí? preguntó el niño con cierto temor.

Eso no lo sé respondió el anciano.

Intentaron llamar la atención agitando las manos, pero nadie respondió. Entonces el viejo, con más miedo que vergüenza, exclamó con voz fuerte:

¡Venimos en son de paz!

La tensión se disipó de inmediato. Los rostros del grupo se relajaron y las sonrisas comenzaron a florecer.

Los viajeros respondieron con alivio. Pronto se unieron en un diálogo cauteloso, donde todos reconocieron lo mismo: aquel túnel representaba su único paso al otro lado del valle, pero nadie se atrevía a atravesarlo.

Uno de ellos explicó:

Llegamos al caer el sol, y al ver la oscuridad tan profunda, decidimos esperar hasta el amanecer.

El anciano asintió.

Fue una decisión sabia. La oscuridad siempre confunde al que no tiene dirección.

También observó con prudencia la entrada del pasadizo, y agregó:

Fue lo mejor que hicieron al no proceder. Esa cueva se ve oscura e impredecible.

No creo que sea una cueva replicó uno.

¿Y cómo le llamarías a eso? preguntó el niño, curioso.

Quizás tengas razón respondió otro , pero para mí parece un túnel.

Cualquiera que sea el caso dijo el anciano , lo importante es que tenga salida al otro lado.

¿Y si no la tiene? preguntó el niño . ¿Y si el camino se acaba aquí?

El viejo sonrió con serenidad:

Entonces nuestras vidas habrán concluido en el mismo lugar, a la misma hora y de la misma manera.

Un viajero, que hasta ese momento había permanecido callado, habló con firmeza:

Estoy seguro de que hay una salida. Y que este no es el final.

¿Y tú cómo lo sabes? preguntó otro con desconfianza.

¡Porque tengo fe! respondió el joven con voz fuerte.

¿Fe…? replicó uno con tono incrédulo . Muchos confunden la fe con la falta de dudas.

La fe dijo el hombre tranquilo no está en lo visible, sino en lo que percibes en tu interior. Por eso puedes cerrar los ojos y ver más allá del miedo. La fe es el faro que nos permite avanzar incluso cuando el camino está cubierto de sombra. Por eso uno puede creer aun sin ver. Cierra los ojos, y verás que puedes viajar a los momentos más importantes de tu vida, aunque no estén frente a ti. La fe te permite sentir lo invisible.

A lo que el anciano agregó:

No podemos estar como el toro peleando con el manto cuando en realidad nuestro enemigo es el torero. Los obstáculos visibles no siempre son los verdaderos peligros; a veces, lo que más nos detiene está dentro de nosotros mismos. Las montañas nos enseñan eso: creer sin ver la cima. Subir sin saber cuánto falta. Atravesar sin saber qué hay al otro lado. Enfrentar la oscuridad, esperando encontrar luz. La fe es el mapa que guía al alma cuando el sendero no se ve.

El grupo guardó silencio. Entonces, quien parecía ser el líder se levantó y, con un tono de humor sereno, comentó:

No trates de explicar tanto… las personas solo ven y escuchan lo que quieren.

Las risas rompieron el peso del miedo, y aquella noche descansaron bajo el amparo de las estrellas, preparando el ánimo para cruzar al amanecer.

Con los primeros rayos del sol, el anciano se estiró lentamente y miró al joven líder del grupo, que observaba el túnel con determinación.

¿Cómo le ha tratado el camino hasta ahora? preguntó el anciano.

Es difícil de explicar respondió el joven . Cada paso trae una lección diferente. Cada quien tiene su experiencia. Nadie puede caminar con los pies de otro. En ocasiones cargamos a algunos, pero llega el momento en que cada uno debe avanzar por sí mismo.

No me refiero solo a ti, sino al grupo en general dijo el viejo.

El muchacho sonrió con cierta arrogancia:

Cada quien tiene que hacer su propio esfuerzo. En mi caso, aún soy joven y no necesito de nadie.

Ese es un buen punto asintió el anciano . Pero cuidado con la autosuficiencia, hijo.

En ese mismo instante, el anciano lo miró con paciencia, y agregó:

La juventud es traicionera. A veces nos vuelve autosuficientes, y eso es peligroso. Querer saberlo todo no es sabiduría, es soberbia.

¿Y qué hay de malo en querer saberlo todo? insistió el joven.

Que la sabiduría respondió el viejo consiste en conocer los límites del conocimiento. No en acumularlo, sino en aplicarlo con propósito.

El joven arqueó las cejas y, aún desafiante, dijo:

Yo no vengo a ver lo que va a pasar, vengo a provocar que algo pase.

Y eso está bien respondió el anciano , siempre y cuando lo hagas con convicción. Recuerda: muchos viven por preferencias, no por principios. Pero las montañas solo se conquistan con convicción.

El grupo escuchaba en silencio. Uno de los hombres comentó:

Quien no va a ningún lado no necesita dirección.

El anciano sonrió, repitiendo el refrán con tono reflexivo:

Sí… pero quien tiene un propósito, aunque sea incierto el camino, encontrará siempre la luz para avanzar.

El joven líder replicó con voz firme:

¿Acaso no ha escuchado usted el dicho que dice que es mejor andar solo que mal acompañado?

Puede ser dijo el anciano , pero el verdadero sabio no camina solo, comparte el sendero. De nada te sirve estar satisfecho si no puedes hacer ajena esta satisfacción. Las inspiraciones vienen de quienes construyen puentes, no de quienes levantan muros. Quien discute busca imponerse; quien se comunica busca comprender.

El silencio volvió por un instante, roto solo por el murmullo del viento entre las rocas. El anciano continuó con voz suave:

La vida es un sube y baja, y las circunstancias van y vienen. Aprende del conejo, que en momentos de miedo se esconde entre las peñas. Así también el hombre debe refugiarse en la prudencia. Hay estaciones en la vida como en el año: luz y oscuridad, sol y sombra, guerra y paz. A veces nadie puede ayudarte, y es ahí cuando más debes aprender de ti mismo.

El grupo entero meditó en esas palabras.

No juzguen a nadie por el momento que vive añadió el anciano. El joven puede carecer de experiencia, y el viejo puede errar por su vejez. Pero ambos son necesarios para el equilibrio del camino.

Mientras hablaban, el sol iluminaba las cimas.

¿Sabes por qué las montañas son tan altas? preguntó el anciano al niño.

Quizás porque quieren tocar el cielo respondió el muchacho.

Sí, tal vez sonrió el viejo . Pero también porque se levantan una y otra vez después de cada empuje de la tierra. Su altura es el resultado de sus heridas. Así también el alma se eleva, no por orgullo, sino por resistencia.

El viento sopló fuerte, llenando el aire de naturalidad.

En la vida, hijo, algunos huyen de las montañas porque temen subir. Pero las verdaderas recompensas no se hallan en los valles donde todo es fácil, sino en las cumbres donde el silencio obliga a escucharse a uno mismo.

El anciano colocó su mano sobre el hombro del niño:

Nunca temas a la altura. Teme al conformismo. Porque mientras unos se quejan del peso del ascenso, otros ya contemplan el horizonte desde arriba.

El silencio volvió a llenar el valle. Frente a ellos, el túnel parecía un monstruo dormido, una boca abierta que los desafiaba a entrar. El anciano, con voz pausada, concluyó:

Las montañas no siempre se suben, a veces se atraviesan, como en esta oportunidad. Y ese tránsito oscuro es necesario para encontrar la luz del otro lado. La vida no siempre nos pide escalar, a veces nos pide atravesar el miedo. Enfrentar lo desconocido. Iluminar con nuestra valentía la negrura a la que nos enfrentemos.

El grupo se miró unos a otros.

El niño apretó la mano del anciano, y juntos dieron el primer paso hacia el pasadizo.

A medida que se adentraban, el eco de sus pasos resonaba en la oscuridad como un recordatorio eterno: que la fe no elimina el temor, pero lo atraviesa.

CAPÍTULO VII
EL LEÑADOR

El amanecer llegó con una claridad suave, como si el cielo quisiera recordarle al mundo que cada día es una nueva oportunidad para volver a comenzar. El niño y el anciano caminaban juntos, respirando el aire fresco que olía a tierra y esperanza. Pero, mientras ellos transcurrían un trecho del camino, de repente el firmamento comenzó a tornarse gris. Y las dispersas nubes blancas, como copos de algodón, que adornaban el amplio cielo azul, desaparecieron en fracciones de segundo. Entonces, un torrente de agua limpia, tan limpia como la mente de un recién nacido, inundó el ambiente.

Pareciera que la naturaleza tornara toda su furia contra aquel pedazo de suelo. Los árboles trataron de esconderse detrás de sí mismos. Las raíces pedían a gritos misericordia, las hojas clemencia, y la lluvia caía tan fuerte, y el viento se movía tan de prisa, que peinaba las sorprendidas hojas que apenas podían sobrevivir pegadas a sus tallos. No había lugar donde la inclemencia del tiempo no tocara, y cada vez más y más la fauna del lugar se movía despavorida en el hábitat que había creído conocer.

Ellos no quedaron exentos de empapar sus rostros hasta lo sumo con el incoloro líquido caído desde arriba, y sus cuerpos con el barrizal formado entre la maleza. Encontraron un pequeño refugio que apenas podía acomodar unas cuantas personas, de manera muy incómoda. Cobijado de yaguas secas y muy deterioradas, pudiendo decirse que su utilidad era muy mínima.

Al parecer era un paradero poco frecuentado, pero por las tres piedras en el suelo alineadas en forma de triángulo y los restos de cenizas, alguien lo había usado no mucho tiempo atrás. De todos modos, por miedo a los truenos y relámpagos decidieron acampar allí. No había mucha cosa que hacer más que encontrar un tema de conversación y así matar un poco de tiempo. Hablaban de tópicos que iban más allá de lo material y cotidiano. Explayaron su conversación por un periodo considerable, enfatizando más en el área espiritual que en lo ordinario. Cada planteamiento e hipótesis se hacía con fervor y con una convicción tal que se veía reflejada en sus caras.

Ya era casi mediodía y al cabo de unas cuantas horas la lluvia cesó. El suelo destilaba agua de todos los colores y sabores, y los pájaros comenzaban a dar señales de vuelo por doquier. Su canto era como una terapia acústica que infundía dulce melodía y aliento de vida al existir. Los árboles del lugar hablaban de la grandeza de la madre tierra, y del coraje y capacidad del ser humano de reinventarse en momentos de necesidad. Y de hacer del concepto de ideas el instrumento y la fuerza que mueven el mundo.

Al retomar la marcha, el sol se asomaba tímido, alumbrando la tierra húmeda con su luz tibia. A lo lejos y muy distantes escucharon el crujir del hacha, y el canto de los pájaros que saludaban el atardecer. En este lapso del camino era muy poca la interacción humana hasta el momento. Sus experiencias se habían tornado meramente naturalistas, y sus conversaciones en un buffet exclusivo para dos.

El anciano y el niño caminaban por el sendero cuando vieron a un hombre, fuerte y callado, que cortaba leña junto a un arroyo.

El anciano se detuvo y dijo:

 Observa, muchacho. Él no habla, pero su vida entera habla por él.

El hombre levantaba cada tronco con cuidado, como si en cada golpe devolviera algo de sí mismo a la tierra. No parecía trabajar por riqueza ni por gloria, sino por necesidad y propósito. Su mirada no se perdía en los cielos ni en los sueños, sino en el instante presente: en cada trozo de madera que partía, en cada gota de sudor que caía al suelo.

El niño preguntó:

¿Por qué trabaja tanto, si parece no tener prisa ni nadie que le pague?

El anciano sonrió.

Porque no trabaja para el mundo, sino para sí mismo. Es el labrador de su destino. Cada día siembra esfuerzo, y su cosecha es la paz que siente al caer la tarde.

Apuraron la marcha, llenos de curiosidad, y avanzaron a su encuentro.

Al estar de frente al lugareño, y tratando de entablar una conversación, el anciano preguntó:

¿Cómo va su día, amigo?

Yo diría que productivo respondió con una sonrisa, empuñando en su hombro su instrumento de trabajo, el leñador.

Pues supongo que es un día bueno asintió el viejo, mientras el niño lo observaba.

No todos los días son buenos dijo , pero todos los días se puede hacer algo bueno.

¿Y qué le trae por este lugar, buen señor? cuestionó el anciano.

 Podría decirse que soy de aquí contestó el leñador.

Por la confianza y templanza que mostraba, podía deducirse que conocía bien el emplazamiento.

Barba copiosa, abundante y canoso pelo, que trataba de esconder debajo de un maltratado sombrero de cana. Su rostro duro de digerir, pero su corazón noble y amoroso como un inofensivo grillo del camino. Un hombre rebosante de sabiduría y experiencia. Cada hachazo, cada árbol sembrado y talado, cada paso dentro de la zona, representaba la pasión de lo que se hace con amor y dedicación.

El leñador tenía un don inefable. Había plantado junto al camino diversas especies de plantas. Cada una había crecido de manera exitosa, y las más robustas generaban cobija y sombra a las aves del lugar y a los generalmente cansados transeúntes en momentos de sol. Podían distinguirse sus tipos y especies, alineadas de forma minuciosa, por largas sendas del camino. Muchas otras fueron plantadas más al interior del lugar, contribuyendo a través de los años a lo que en el momento se había convertido en un gran bosque. Sus manos eran prodigiosas, y el fruto de su esfuerzo se alimentó del bondadoso suelo, que mostraba orgullosamente la majestuosidad del lugar.

Su voz ronca contrastaba con la dulzura de sus palabras. Su positivismo y dinamismo superaban con creces la apariencia de su rostro maltratado por los años. Cuando penetraba monte adentro, los árboles temblaban de miedo. Este podría ser el día en que el hacha inclemente penetrara sus entrañas y los convirtiera en simple leña. El trabajador forestal solo talaba monte adentro, por eso los más cercanos a la orilla se mecían sin temor al paso de la dulce brisa. Sabían que sus días no serían acortados, salvo alguna contingencia. Ellos eran la columna vertebral del camino y la parte básica de la transitabilidad del lugar.

El niño lo observaba en silencio, tratando de leer su mente y adivinar sus acciones. De repente rompió el silencio y preguntó:

¿Quiere decir que usted controla todo el bosque, señor?

¿A qué te refieres, pequeño? preguntó el leñador.

A que puede hacer lo que usted quiera sin tener que rendir cuentas a nadie dijo el menor.

El leñador explicó:

No necesariamente. El libre albedrío no significa hacer lo que quieras. Significa tener la libertad de hacer lo correcto.

¿No se cansa usted de estar siempre por aquí? preguntó el niño.

A lo que él respondió:

Vivo un día a la vez… el presente ya es un hermoso motivo para agradecer, vivir, sonreír, valorar y ser feliz. Además, entiendo que la vida está hecha de días que no significan nada, pero momentos que lo significan todo.

¿Y le gusta lo que hace, buen señor? cuestionó el niño.

Al final, la verdadera felicidad es el tiempo, la salud, la buena compañía, la mente tranquila y la libertad de elegir lo que quieras hacer dijo el lugareño.

El jovencito lo miró fijamente y cuestionó:

¿A veces, no se siente usted solo, señor?

La mayor soledad no es estar acompañado o rodeado de personas, es sencillamente no estar a gusto contigo mismo respondió el leñador, sin vacilar un momento y con la respuesta a flor de labios.

Sin casi dejarlo terminar, preguntó el muchacho:

¿Y cómo son las personas que pasan por aquí?

A lo que él agregó:

He visto todo tipo de personas y todo tipo de actitudes en este camino: buenos procederes y conductas que no son halagüeñas.

El niño sonrió e insistió en forma de preguntas:

¿Y usted sabe de dónde vienen las personas que pasan por aquí y hacia dónde van?, ¿todos llegan a su final o algunos se devuelven?, ¿piden ayuda?

El leñador contestó, extendiendo su respuesta:

Casi nunca pongo atención a sus orígenes, ya que no tenemos la culpa de venir de donde venimos, pero sí de ir hacia donde vamos.

¿Quién no ha sido animado en momentos difíciles y estimulado en sus nostalgias y alegrías a través de algo o alguien?

Cuando en la vida dejamos que las cosas que son menos importantes sean las que dirijan nuestro vivir, entonces nos convertimos en personas con orejas pero no oídos. Seres corporales con ojos quiméricos pero no vista.

¿Y es fácil llegar hasta el final del camino, señor? ¿Conoce a alguien que lo haya logrado? insistió el niño.

Respondiendo el hombre:

Lo único que podría agregar, mi hijo, es que no pierdas tus sueños, no te rindas a la vida.

Recuerda que el triunfo lo alcanza quien es favorito, pero la victoria la obtiene quien se esfuerza; quien valora la combinación de sueños y realidades. Sonríe y quita peso a la vida. No veas el futuro con la nuca. No seas de los que piensan que vivir es una tarea de locos, ya que de esto todos tenemos un poco, y que cuando no se hace a su modo, entonces es un fracaso.

Seguía agregando:

No pierdas tu tiempo en entelequias ni en quimeras que se desvanecen en el tiempo. Embasta tus sueños y teje tu realidad, que las grandes cosas están hechas de pequeños detalles.

El anciano asintió, y el niño lo miró con una comprensión nueva. En aquel hombre sencillo había una lección más profunda que mil palabras: la grandeza del ser humano no está en lo que obtiene, sino en la dignidad con que labra su camino.

Última pregunta antes de irnos exclamó el niño.

¿Usted cree que en este camino hay más personas buenas que malas?

Sonrió el veterano, y dijo:

Bueno, en este laberinto de engaños y falsedades yo no apostaría las joyas de mi abuela…

Cuando el sol comenzó a ocultarse, el anciano y el niño se despidieron. Al alejarse, el niño volteó una vez más; el leñador seguía allí, cortando su madera, como si con cada golpe marcara el pulso del mundo.

El anciano murmuró mientras avanzaban:

El que comprende el valor del esfuerzo, ya ha conquistado medio camino.

CAPÍTULO VIII
EL AGUJERO MÁGICO

El niño miraba el horizonte con ojos llenos de asombro, mientras el anciano caminaba a su lado con pasos serenos y pesados. El viento soplaba entre las piedras, y el eco de sus pasos parecía responderles con voces antiguas.

El sendero se extendía como una línea infinita, invitándolos a recorrerlo sin prisa, como si cada piedra y cada sombra escondieran un secreto que debía descubrirse. El niño quería correr, pero el anciano lo detenía con calma, recordando que lo importante no era llegar rápido, sino aprender de cada paso, pues el camino era la vida misma desplegándose ante ellos.

A un extremo del camino, y no muy distanciado de su orilla, escasamente se podía notar un estrecho vericueto que, cubierto de hojas por doquier, llenaba de misterio el lugar. Al ver el ímpetu y fisgoneo de aquel niño cargado de curiosidad, el anciano de días no tuvo más remedio que apurar el paso.

Me parece que este tramo del camino ofrece la mejor oportunidad para explorar señaló hacia el desvío el anciano con el dedo índice derecho.

¿Qué quieres decir con esto? preguntó el niño.

Ya lo verás indicó el añoso.

Fueron bajando en una ocasión y subiendo en otras, de manera minuciosa y esquivando uno que otro obstáculo, hasta adentrarse en el debilucho monte. Aproximadamente a unos doscientos metros de distancia, equivalentes a unas dos cuadras de una ciudad moderna, el niño vio algo extraño: un pequeño agujero en el suelo, del que emergía una tenue luz azulada.

El agujero era como una especie de ojo biónico, a través del cual se podían ver los miedos, temores y muchas cosas más.

¿Qué es eso? preguntó el niño con curiosidad.

El anciano se inclinó, observando con cautela.

Dicen que este es el agujero mágico del camino. Es como una especie de realismo mágico. Algunos dicen que quien mira adentro ve su destino… otros, que ven sus miedos y temores.

El viejo se asomó primero, y al observar no podía ver nada más que nieblas, brumas y un puente mal construido que se sostenía en el rocío de la oscuridad. Este escenario era muestra de su etapa como ser humano. Sus mejores años habían pasado, pero la incertidumbre de lo desconocido e infinito le causaba un poco de temor.

Sin nada más que añadir, retrocedió dos pasos y dio oportunidad al chiquillo, quien se moría de ganas por mirar.

El niño se acercó y, sin pensar, asomó el rostro.

Al principio no vio nada, solo oscuridad. Pero pronto la luz comenzó a cambiar…

No sé por qué brilla tanto el sol indicó el niño, casi como en forma de pregunta.

¡Dichoso tú que lo puedes ver! respondió el anciano.

Pero la luna también brilla a su lado continuó el menor.

¿Están juntos? preguntó el anciano, solo por curiosidad.

En su mente vigorosa y creativa, el niño comenzó a pintar un mundo de fantasías e imaginaciones.

No sé cuánto tiempo llevan siendo amigos.

El anciano le siguió el juego:

Mientras haya espacio para ambos, no me parece un problema. Además, no te preocupes por ellos, preocúpate por quienes los observan.

Queriendo decir que en la vida siempre hay espacio para la coexistencia a pesar de las diferencias. Que cuando hay una visión común de destino, es posible superar la disparidad. Y especificando que cuando se tiene una idea, hay que trabajar en ella sin importar la opinión pública. También, que para algunas personas, no importa lo que hagas, porque independientemente de cómo te comportes ante sus ojos, ya estás descalificado. Tu compromiso no se basa en lo que los demás piensen de ti, sino en lo que tú piensas de ti mismo y de lo que haces, ya que eso es lo único que puedes controlar.

Esta era una escena maravillosa. La creatividad de un niño hizo posible lo imposible. Dos cuerpos celestes tan diferentes y con características tan distintas; en su mente, podía verlos juntos. Su vitalidad y ganas de vivir podían hacer brillar el sol como nunca antes. Tenía toda una vida por delante, sin límites. Tenía tiempo y espacio para hacer y deshacer, para errar y corregir, para caminar, correr y volar.

Este niño solo quería ver positividad. Su deseo de explorar un mundo de colores, sueños y posibilidades era inmenso.

De repente, su tono de voz cambió y exclamó:

Toda esa gente ni siquiera se ha dado cuenta de que el sol y la luna, a pesar de su gran tamaño, están ahí juntos. Creo que están demasiado ocupados con sus propias trivialidades y menudencias como para dedicarle tiempo a estos detalles.

Quería que todos compartieran sus sueños. Es como si hubiera viajado al futuro y se hubiera dado cuenta de que nuestras ideas no siempre son bien recibidas, que no todos ven las cosas desde la misma perspectiva que nosotros. Que la gente suele descartar lo bueno y optar por lo mediocre. Que quien tiene la verdad debe permanecer en silencio para no ofender a los que mienten. Y que lo que para algunos no significa nada, para otros es más que suficiente.

Luego de esto, volvió a mirar, y dentro del agujero aparecieron imágenes: lugares que había soñado, personas que había amado, y también momentos que deseaba olvidar. Vio cómo el tiempo giraba dentro, mezclando recuerdos, ilusiones y temores. Su corazón se aceleró. Dio un paso atrás.

¡No quiero mirar más! gritó . ¡Eso no puede ser real!

El anciano lo tomó del hombro.

Todo lo que has visto es real en tu mente, y por eso tiene poder sobre ti. Pero el agujero no muestra el futuro ni el pasado… muestra el alma de quien se atreve a mirar.

El niño bajó la cabeza, aún temblando.

Entonces… ¿no hay magia?

El anciano sonrió con dulzura.

Sí la hay. Pero no está en el agujero, sino en quien lo enfrenta sin huir.

El vetusto hombre no podía esconder su admiración por la habilidad y curiosidad de tan inocente criatura.

El anciano volvió a mirar dentro, y por un instante sus ojos se llenaron de lágrimas. No dijo nada. Cerró el agujero con una piedra y continuó el camino hacia la vía principal.

El niño caminó a su lado en silencio, comprendiendo que había visto algo más que una ilusión: había visto la verdad de sí mismo.

Cuando se alejaron, el viento sopló sobre el suelo y el agujero desapareció, como si nunca hubiera estado allí.

El anciano murmuró:

El camino siempre pone espejos, pero no todos se atreven a mirarse en ellos.

Hubo un silencio prolongado y luego una sonrisa solemne que, sin emitir palabras ni sonidos, hizo que cualquier argumento se rompiera como un rompecabezas que se quiebra pieza por pieza.

El anciano susurró:

Acuérdate de que la vida es un existir en un limitado espacio de tiempo, que la materia no se destruye, que el alma nunca muere, pero que el cuerpo físico sí.

Y entre risas y murmullos fueron desapareciendo en la distancia, y sus figuras cada vez se hacían más y más diminutas.

CAPÍTULO IX
LA MUJER EN EL CAMINO

Una mañana que apenas tomaba vuelo, con más deseos de esconderse que de existir, aquel pájaro herido que observaba atentamente todo a su derredor y que una vez fue parte de una bandada movía su cola rítmicamente, y se acomodaba en su pata derecha como a ritmo de ballet, repetitivamente. El pájaro voló con vigor en dirección vertical y hacia arriba, con una potencia nunca antes experimentada, como si pareciera querer decir algo a su ambiente o como si fuera una especie de despedida. De su ala derecha se desprendió una pluma plateada que quedó suspendida por un tiempo, como péndulo en el aire.

El sonido del viento, en forma de olas marinas yendo y viniendo, de manera mágica llevaba alegría al copioso bosque de árboles gigantescos y hercúleas cantidades de hojas que bailoteaban unas con otras. Unas, sin resistir el coqueteo de una brisa fuerte que se extendió tres días seguidos, caían en un suelo esponjoso que las esperaba pacientemente, y otras se sujetaban a sus ramas como niño asustado en su primera experiencia de aerofagia.

Tímida en su caminar, empapada de sudor, y con el estómago tan vacío que pareciera que no había probado bocado en una semana, se veía la silueta de aquella joven mujer que, paso a paso, se acercaba al camino como si no quisiera estar en él.

El anciano y el niño avanzaban en silencio, cuando a lo lejos la distinguieron. Caminaba con los hombros caídos y la mirada perdida en la tierra. Sus labios se movían, pero no parecía hablar con nadie; era como si recitara un monólogo para el viento, como si se confesara al mismo camino.

Tenía ojos profundos, cansados de llorar, pero todavía llenos de una belleza serena. Y en su monólogo se deducía una vida hastiada de sinsabores y días difíciles.

¿Será justo perder el rumbo? se preguntaba a sí misma.

Posiblemente, a veces lo merecemos… ella misma contestó.

Me falló… murmuraba la joven . Creí en lo que brillaba por fuera, en lo que parecía firme y hermoso… pero me dejó vacía, me dejó rota. ¿De qué sirve la belleza que se apaga? ¿De qué sirve el brillo si el corazón está vacío?

Voces diversas daban vueltas en su mente, como peces que nadan en círculo en una pequeña pecera de colores.

¡Oh!, ahora recuerdo el día que decidí no decir que no! rompió ella entre sollozos.

Quizás sea este mi castigo agregó.

Mientras avanzaba indeteniblemente, sacó un escrito del interior de su brasier izquierdo, más cercano al corazón y sus sentimientos, que comenzó a recitar como premio de consuelo a su desgracia, y en el estilo en que lo hacen los grandes artistas de Broadway en escena:

"Te encargaste de soñar mis sueños y en ellos desperté para encontrarte dormido. Atravesé posibilidades y esquivé esfuerzos para no verte en tus risas de colores. Te marchaste tan ligero hacia lo desconocido como los otros pueblos del mar, y encontraste tu nuevo mundo como cual conquistador al horizonte, y sólo ha quedado tu recuerdo de lo que fuiste para los demás. Qué lástima y tristeza que tu legado en mi vida se encuentre en agonía y ya casi cadáver. Que tus ideales como canto al amor de refinada prosa y poesía queden en el espejo del

olvido. Que ya no seas referente de un bastión de zagales soñadores que apenas pasan la primera docena de años, pero que ya han matado muchas ideas canallas con su cañón de la imaginación. Un día creí que amar era entregar sin medida, que bastaba con darlo todo para ser correspondida. Pero aprendí que hay amores que ciegan, que el corazón, cuando no se escucha, se pierde entre espejismos. Caminé por senderos que no eran míos, esperando que alguien me señalara la dirección correcta, hasta que comprendí que nadie puede recorrer por mí el tramo que me pertenece. He llorado por lo que fue y por lo que nunca será, pero aún con lágrimas en los ojos, sé que sigo viva. Y mientras el camino exista, siempre habrá una nueva posibilidad de comenzar."

Y como un soldado que va a la batalla, que se ha preparado en teoría para lo peor, pero que es abrumado por la realidad de lo desconocido, esta mujer sufre de manera inclemente. Haciendo un esfuerzo sobrehumano, lucha por encontrarle sentido a los párrafos diversos de aquel libro clásico de la vida, del que todos habían hecho referencia y que ella estaba supuesta a entender.

Sus palabras se deslizaban como piedras que caían cuesta abajo.

Maestro dijo el niño en voz baja , ¿por qué esa mujer parece tan triste?

El anciano detuvo su paso y observó en silencio.

Porque hay dolores que pesan más que el cansancio del cuerpo respondió . Vamos a acercarnos.

El niño, conmovido, se acercó y le preguntó:

¿Por qué lloras tanto en el camino?

Ella levantó la vista y suspiró:

Porque me dejé guiar solo por lo que mis ojos veían. Seguí una figura elegante, un rostro atractivo, una apariencia que parecía prometer seguridad y amor. Pero dentro no había verdad. Solo apariencia, solo un reflejo hueco.

He caminado tanto dijo ella sin que le preguntaran . He dado todo lo que tenía y lo poco que me quedaba lo entregué al amor. Pero el amor también se fue, como el agua entre los dedos. Me quedé vacía, sin fuerzas para seguir.

El anciano se sentó a su lado, con respeto.

El camino no solo nos lleva hacia adelante dijo con voz pausada . A veces nos obliga a detenernos para sanar.

La mujer suspiró.

Creí que el amor era un lugar donde quedarse, no una travesía. Y cuando se fue, sentí que todo lo demás perdió sentido.

El silencio que siguió fue profundo. El anciano la observó con ternura, consciente de que en aquel instante, ninguna palabra podía ofrecer consuelo.

El niño, con su inocencia intacta, tomó la mano del anciano y preguntó en voz baja:

¿Podemos ayudarla?

El anciano suspiró.

Hijo, hay caminos que solo se recorren en soledad. A veces el alma necesita perderse para reencontrarse. Ella sabrá cuándo continuar.

La miró con dulzura.

El amor no se va respondió . Cambia de forma, como cambia el río cuando encuentra una roca. Pero sigue fluyendo, aunque no lo veas. El corazón tiene la extraña costumbre de renacer, incluso cuando creemos que está muerto.

Ella bajó la mirada, y una lágrima rodó por su mejilla.

¿Y si ya no quiero amar más? preguntó con voz quebrada . ¿Y si tengo miedo?

El anciano tomó un puñado de tierra entre sus manos y la dejó caer lentamente.

El miedo es también parte del amor. Solo teme quien alguna vez amó profundamente. Pero mira esta semilla: si no cae a tierra, no puede dar fruto. Así es el corazón, hija. Si no se entrega, no florece.

El niño, que también había estado escuchando en silencio, se acercó y le ofreció una pequeña flor silvestre que había recogido del camino.

Tome, señora. Es pequeña, pero todavía vive.

Ella sonrió por primera vez en mucho tiempo. Acarició la flor con ternura y la colocó sobre su pelo.

Quizás el amor no se ha ido del todo susurró . Tal vez solo cambió de rostro.

El anciano asintió.

El amor no siempre llega de la forma que esperamos. A veces viene disfrazado de amistad, de compañía, de una palabra amable en medio del cansancio. Otras veces, como ahora, viene en la inocencia de un niño que te recuerda que la vida sigue. El amor, aunque frágil, es la fuerza que siempre empuja a seguir caminando.

La mujer se levantó lentamente.

Seguiré caminando dijo . Pero esta vez sin esperar que el amor me encuentre, sino llevando amor conmigo.

El anciano escuchaba en silencio. Veía en esa joven la fragilidad de quienes confunden el brillo de lo externo con la claridad de lo interno.

Entonces ya has comprendido el secreto del camino dijo el anciano, sonriendo satisfecho.

Mientras ella se alejaba, el niño preguntó:

Maestro, ¿crees que volverá a encontrar el amor?

El anciano miró hacia el horizonte, donde la figura de la mujer se confundía con la luz del atardecer.

El amor nunca se pierde respondió . Solo espera el momento justo para volver a florecer.

El anciano, desde la distancia, la vio alejarse y dijo al niño:

Mira, hijo, la vida sabe cuándo enviar lo que necesitamos. Aunque las circunstancias te endurezcan la piel, no permitas que te endurezcan el corazón.

El niño asintió, mirando hacia donde la mujer desaparecía entre los rayos del sol. El anciano apoyó su bastón sobre la tierra y continuaron su camino, sabiendo que el sendero no termina: solo cambia de rostro.

La mujer sonrió levemente, agradecida por la compañía que la había sostenido en su fragilidad.

Claramente, el cansancio agotaba su esperanza, y en el ir y venir de sus pensamientos las horas pasaban como gente que se sube y se baja en una estación de tren, mientras este sigue su curso. Llegando hasta donde las fuerzas le permitían, el cansancio la venció, y aquella noche se quedó dormida junto al fuego, mientras las estrellas vigilaban su descanso.

En ese universo natural, en aquella noche era imposible contar las estrellas. Tantas, que como espejos de un denso bosque copado de árboles con hojas tan extrañas que sus formas se reflejaban en ellas. Unas tras otras, con formas diversas como figuras geométricas o dibujos de infantes que apenas comienzan la aventura de empuñar un lápiz por primera vez. La luna servía de fondo de pantalla, que en forma de silueta mostraba las miradas perdidas de almas celestes imaginarias, y vidas indescifrables en el espectro de la imaginación.

Al amanecer, el rocío bañaba las hojas y un leve canto de aves anunciaba el renacer del día. La joven estaba de pie y lista para emprender camino. Se levantó, respiró hondo, y con paso sereno retomó su andar. Con mente clara, ánimos remozados, y en medio del eco de una carcajada entendió el solsticio de un mundo de amor que comienza para algunos, y el equinoccio de realidades que concluye para otros.

¡Realmente la vida te da sorpresas! Es como un yoyo. Sube, baja, y a veces incluso toca el suelo. Debo dejar de preocuparme por lo que los demás piensen de mí y comenzar a preocuparme por el concepto que tengo de mí misma. Me han querido vender el mundo cuando el mundo verdaderamente es mío…

Con voz cortada y susurrante, luego de un sorbo de autoterapia, se sacudió el polvo de sus sandalias y prosiguió su camino.

No muy lejos, en una curva del camino, donde la brisa era fresca y la tierra olía a vida nueva, ella encontró otro viajero que la saludó con una sonrisa cálida. Era un hombre sereno, con la mirada limpia y las manos sin urgencia. Ella lo reconoció desde lejos, no por el rostro, sino por la calma que le infundió aliento.

Sus miradas se cruzaron, y en ese encuentro sencillo, el peso de su pasado comenzó a disolverse. Al inicio, no hubo grandes palabras, solo un cruce de ojos que supo decirlo todo. No era elegante ni ostentoso; su andar era sencillo, sus ropas sin adornos, pero su mirada era firme y su voz sincera. La joven lo reconoció al instante: no era el resplandor de la apariencia lo que ahora buscaba, sino la paz que trae un corazón verdadero.

Entonces dijo ella:

 Comprendo que mis ojos pueden engañarme, pero el corazón nunca se equivoca si aprende a escuchar.

El caminante asintió y añadió:

En la vida, mujer, no siempre lo bello es lo verdadero. Hay rostros hermosos que ocultan sombras, y semblantes humildes que encierran luz. El camino nos enseña a mirar más allá de lo que ven los ojos, porque quien solo mira la superficie, camina ciego.

Ella, con su inocencia renovada, sonrió y dijo:

Entonces, lo que importa no es lo que se ve, sino lo que se siente y lo que se da.

Levantó la cabeza, más erguida que antes, y entendió que su herida no era el final, sino una lección del camino: aprender a discernir entre lo que deslumbra y lo que realmente ilumina.

Él le ofreció una pausa, no promesas. Y ella, sin saber por qué, aceptó.

Se apartaron del sendero, internándose en un claro rodeado de árboles dorados por la luz del atardecer. Su encuentro fue tan mágico, que conversaron por el resto del día, sin apercibirse de que la noche les sorprendió.

Allí, entre hojas muertas y viento suave, compartieron una intimidad callada, profunda, donde no hizo falta hablar del pasado. Juntos, al calor de una nueva hoguera, descubrieron sentimientos

ocultos, y revelaron secretos de la intimidad, cuyo
testigo fue la hojarasca, y la noche clara bajo la luz
de las estrellas. Él la tocó como quien acaricia algo
que no quiere romper. Ella se entregó no como quien
olvida, sino como quien elige recordar desde otro
lugar.

Fue un encuentro sin prisa, sagrado en su
sencillez, donde el cuerpo se volvió un lenguaje sin
miedo. Después, descansaron en silencio, uno al lado
del otro, sin que apenas les importara la noche que
caía sobre ellos.

Y así, al amanecer, siguieron los dos juntos,
entendiendo que el corazón, más que la mirada, es
quien debe guiar nuestros pasos. Y que, aunque no
estemos curados del todo, a veces solo basta con estar
vivos, y entender que merecemos algo más que el
dolor.

CAPÍTULO X
CUANDO LA VERDAD
SE VENDE

El anciano y el niño llegaron a un pueblo costero lleno de bullicio. Sus calles parecían un mosaico de colores, con pescadores ofreciendo su mercancía, niños corriendo descalzos, vendedores pregonando en las esquinas y marineros contando historias exageradas de mares lejanos. Desde fuera, aquel lugar parecía un paraíso alegre. Pero pronto, al observar más de cerca, descubrieron la otra cara del pueblo. Había de todo: personas trabajadoras y honestas que luchaban cada día, madres dedicadas a sus hijos, jóvenes con sueños sinceros. Pero también abundaban los corruptos, los jefes abusivos, los ladrones, los que vivían del engaño.

El niño se fijó especialmente en un grupo de hombres mentirosos. Ellos se mostraban como triunfadores: rodeados de mujeres, llenos de risas, aparentando seguridad y éxito. Tenían muchas conquistas gracias a sus palabras dulces, pero huecas. Y, sin embargo, los hombres sencillos y sinceros pasaban desapercibidos, muchas veces en silencio y sin el brillo de las apariencias.

Intrigado, el niño preguntó al anciano:

¿Por qué ellos parecen ganar siempre? ¿Por qué la mentira atrae más que la verdad?

El anciano lo miró y, señalando el horizonte donde el mar reflejaba la luz del sol, respondió:

La mentira deslumbra como un reflejo en el agua, brilla solo mientras la marea la sostiene. Pero, cuando se calma, desaparece. La verdad, en cambio, es como el sol: siempre está, aunque a veces las nubes la oculten.

El niño y el anciano transitaron por el poblado y llegaron a una plaza donde muchos mercaderes ofrecían todo tipo de productos: frutas, telas, metales y hasta palabras escritas en pergaminos. Había un bullicio extraño, como si en aquel mercado no solo se comerciara con cosas, sino con las mismas ideas.

En un rincón, tres hombres gritaban:

¡Vendo verdades! ¡Al mejor postor!

Uno era político, otro religioso y el tercero era un vendedor ambulante. Se habían acomodado en una mesa que tenía un letrero escrito a mano y que rezaba: "Lo prohibido se vuelve deseado."

Había largas filas para llegar a la mesa donde estaban, y que se extendían por todo el lugar de manera inmisericordiosa.

La gente se acercaba y compraba frases que acomodaban a su conveniencia. Algunos adquirían palabras que justificaban sus errores; otros pagaban por versiones suaves de lo que no querían escuchar, y otros ni siquiera leían lo que compraban. Sencillamente lo hacían porque eso era parte de la rutina y el diario vivir del ambiente.

El niño, confundido, preguntó:

¿Cómo puede venderse la verdad? ¿No debería ser de todos?

El anciano respondió con voz grave:

Hijo, cuando la verdad se vende, deja de ser verdad. Se convierte en mercancía, y la mercancía siempre se adapta al deseo del comprador. La verdad auténtica no se compra ni se acomoda; se busca, se acepta y, muchas veces, duele.

El niño miró al mercader, que sonreía satisfecho con sus monedas, y entendió que la mentira disfrazada de verdad siempre encontrará clientes.

Entonces preguntó:

¿Y cómo reconocer la verdadera verdad?

El anciano puso su mano sobre el hombro del muchacho:

El problema con estas personas es que han sido víctimas de mentiras repetidas que se han convertido con el tiempo en verdades en sus mentes. La verdad no se vende ni se compra. Se vive. El que es justo la lleva dentro, aunque el mundo la niegue.

Con el paso de los días, el niño y el anciano vieron cómo las máscaras comenzaban a caer. Los mentirosos empezaban a sufrir las consecuencias de sus engaños: mujeres dolidas que los dejaban, amistades que se alejaban, vidas que perdían sentido al descubrir que estaban sostenidas en apariencias vacías. En cambio, aquellos que permanecían fieles a la verdad encontraron respeto, amor sincero y compañía que no dependía de ilusiones.

El anciano entonces agregó, en tono sereno pero firme:

Este pueblo es como el mundo. Está lleno de injusticias, de personas egoístas que solo piensan en ellas mismas, que buscan brillar a costa de otros. Pero hay algo que nunca cambia: el sol sale para todos. Alumbra tanto al mentiroso como al sincero, al corrupto como al honesto. La diferencia es cómo cada uno recibe esa luz. El egoísta la toma solo para sí, y su sombra lo traiciona. El humilde, en cambio, la comparte y la convierte en esperanza.

En el camino de la vida, no solo encontramos piedras, montañas o ríos que cruzar. Hay obstáculos más peligrosos e invisibles: las influencias del poder y del dinero. Muchos hombres y mujeres comienzan con principios firmes, con una moral clara, pero descubren que no siempre basta con tener la razón cuando la dependencia económica o social los ata a otros. El dinero, cuando se convierte en amo, arranca lentamente la dignidad. Lo que ayer parecía innegociable hoy se concierta con un silencio cómplice. Así, quienes alguna vez defendieron la justicia terminan justificando la injusticia, y quienes predicaron la honestidad terminan tolerando la corrupción, porque del poder ajeno depende su sustento. El problema se agrava cuando quienes están en posiciones de liderazgo sean políticos, religiosos, jefes, dirigentes o instituciones viven de espaldas a la verdad. Cuando sus intereses no se ven afectados, cuando su comodidad está asegurada, simplemente eligen ignorar lo que no les conviene ver. Y, al hacerlo, arrastran consigo a quienes dependen de ellos. La historia se repite en todos los ámbitos. En los partidos políticos, los ideales se corrompen cuando el interés por conservar el poder pesa más que el compromiso con el pueblo. En la religión, la fe se desfigura cuando el mensaje se acomoda para proteger la imagen o los privilegios de los líderes, olvidando que la verdad no tiene dueño. En la vida social y económica, la moral se debilita cuando lo importante ya no es el bien común, sino el beneficio personal. El anciano y el joven, mientras se refrescaban bajo la sombra de un árbol sicómoro, hablaron de estas cosas.

El muchacho, confundido, preguntó:

¿Y qué pasa con los que se hacen fuertes en la injusticia? Ellos parecen felices, parecen vivir mejor que los demás.

El anciano lo miró con calma y respondió:

El injusto puede aparentar felicidad, pero su alma nunca descansa. Puede tener poder, riquezas o reconocimiento, pero en lo más profundo de sí sabe que ha torcido el camino. En cambio, quien es justo puede carecer de todo, pero duerme en paz y camina ligero, porque la justicia le da libertad. Escucha bien, muchacho: el digno es fuerte, pero el justo es feliz. Y quien es justo nunca pierde su valor, aunque el mundo entero lo presione.

El joven guardó silencio, y en su mirada se encendió una chispa de comprensión. Entendió que la justicia no era un adorno de la vida, sino su columna central, y que defenderla era tan vital como respirar. El camino se convierte entonces en un terreno lleno de trampas invisibles, donde los viajeros que cedan a la presión de los poderosos perderán lo más valioso: su propia dignidad. Porque lo cierto es que la verdad no se acomoda a los intereses, ni depende de las instituciones. La verdad es y permanece, aunque los hombres la nieguen o la disfracen. Al final, lo que define el valor de un ser humano no es el dinero que gana, ni el partido que defiende, ni el templo que frecuenta. Es la capacidad de sostenerse en pie, de ser justo y digno incluso cuando lo económico, lo social o lo religioso empuja en otra dirección. Porque quien pierde la dignidad, aunque conserve riquezas o posiciones, ha perdido lo más esencial del camino: el sentido de sí mismo. Y quien es injusto podrá acumular todo lo que el mundo ofrece, pero nunca conocerá la verdadera felicidad.

El niño comprendió que no era cuestión de quién aparentaba más, sino de quién sabía caminar bajo la luz del sol con un corazón limpio. En silencio, siguió al anciano mientras se alejaban del pueblo, con una enseñanza clara: las apariencias engañan, pero la verdad siempre encuentra su lugar, porque la luz alcanza a todos, y solo los sinceros saben aprovecharla.

El niño guardó esas palabras en su corazón, comprendiendo que en el camino habría quienes prefirieran pagar por un engaño antes que sostener la pureza de lo verdadero.

Finalmente, mientras avanzaban por un tramo pedregoso, el viejo enérgicamente le dijo:

 Recuerda, siempre, que una media verdad es una mentira por omisión.

CAPÍTULO XI
CASTILLOS EN EL AIRE

La vida es un camino donde no todo se construye con piedra y barro; muchas veces edificamos en lo invisible, en lo que no se toca, en lo que el alma sueña. Son los castillos en el aire, esos que nacen de un recuerdo, de una melodía o de un aroma que nos transporta a lo que fuimos.

Hay días en que una canción nos devuelve a la infancia o a una época donde el corazón vibraba distinto. En su momento fue alegría, pero hoy despierta nostalgia porque quien estaba a nuestro lado ya no camina con nosotros. Esa música se convierte en un puente entre lo que vivimos y lo que perdimos.

Lo mismo ocurre con los sabores de la vida. Hubo un tiempo en que el cuerpo estaba sano y ligero, y comíamos sin miedo, disfrutando de lo simple. Ahora la salud a veces impone límites, y lo que antes era un festín hoy se convierte en un problema o en un recuerdo lejano. El atleta que corría ligero ahora se fatiga en las lomas del camino; la memoria que antes guardaba cada detalle hoy tropieza en el pedregal del olvido. Los rostros cuya belleza parecía eterna, hoy están decorados de arrugas y canas.

También ocurre con el trabajo que una vez tuvimos y que quizás no valoramos. Pasamos frente a aquel lugar y sentimos un vacío, como si el eco de lo que fuimos nos llamara desde dentro. Los recursos mal administrados, el dinero echado en saco roto, y la bonanza que hoy brilla por su ausencia.

Igual sucede con la ciudad o el pueblo que nos vio nacer: sus calles siguen allí, pero lo que añoramos no son las paredes ni las plazas, ni las bancas del parque donde muchas veces nos sentamos, sino el tiempo que vivimos en ellas, las voces que nos acompañaban, los rostros que ya no están, los verdaderos amigos que se fueron.

Son momentos en los que la vida nos muestra su fragilidad, nos muestra su delicada condición. Nada es eterno; lo que hoy creemos firme mañana puede volverse suelo pantanoso. Lo que hoy parece eterno mañana se convierte en recuerdo. Pero, en lugar de hundirnos en la tristeza, estos recuerdos nos invitan a reconocer la riqueza de haber vivido. Y la tristeza que sentimos al mirar atrás no es enemiga, es maestra. Nos enseña a valorar lo que tenemos mientras lo tenemos, porque cada instante es irrepetible. Si algo duele al recordarlo, es porque en su momento nos dio alegría, nos dio fuerza, nos dio sentido, nos dio valor.

El camino se tornó amplio y silencioso. A los costados, como suspendidos en la niebla, comenzaron a aparecer construcciones fantásticas: faros brillantes, murallas de cristal, palacios hechos de luz y puentes de pétalos de rosas.

Eran tan hermosos que parecían irreales, y en verdad lo eran: flotaban en el aire, como ilusiones intocables.

El niño se detuvo, maravillado.

¡Mira, anciano! ¡Castillos!

El anciano observó con calma, y en sus ojos se mezcló la nostalgia con la melancolía, y la alegría con la pena.

Esos son los castillos en el aire dijo en voz baja . Representan todo aquello que alguna vez tuvimos y no supimos valorar. Lo que pudo ser y nunca fue.

El niño lo miró, confundido.

¿Cómo puede alguien tener algo tan hermoso y no verlo?

El anciano suspiró.

Sucede más de lo que imaginas. Hay quienes tienen una familia amorosa y la descuidan. Otros tienen un buen trabajo, una oportunidad brillante, y la dejan perder.

Hay quienes gozan de salud y la malgastan en desmesura. En el momento lo toman como algo común, casi invisible. Solo cuando lo pierden, descubren lo valioso que era. Por eso dice el refrán que uno no sabe lo que tiene hasta que lo pierde.

El niño frunció el ceño, y preguntó:

¿Y después se puede recuperar?

El anciano negó con la cabeza.

No siempre. Muchas veces, cuando lo entendemos, ya es tarde. El castillo se desvanece en el aire y nunca más vuelve. Algunas veces lo que fue y no es, es como si nunca hubiese sido.

Caminaron unos pasos más, y el anciano continuó con voz grave:

En la vida, a menudo aprendemos más de las derrotas que de los triunfos. El dolor abre los ojos que la alegría mantiene cerrados.

Y lo curioso es que, a veces, los peores errores no son los que cometemos, porque de esos al menos aprendemos. Los peores son los que nunca intentamos: las palabras que no dijimos, los pasos que no dimos, las oportunidades que dejamos pasar, los amores que no declaramos, los miedos no enfrentados, y los riesgos que no tomamos. Esos también son errores, aunque a menudo no lo entendamos hasta que ya no hay vuelta atrás.

El niño bajó la mirada.

Entonces, ¿es posible equivocarse sin hacer nada?

Sí respondió el anciano . Equivocarse por omisión. Ese error es silencioso, pero deja heridas más profundas que las de un acto impulsivo. Es más, ¿quieres saber algo? Hasta la justicia penaliza lo que está supuesto a hacerse y no se hace. Estos son los famosos crímenes por omisión.

Mientras hablaban, uno de los castillos en el aire comenzó a desvanecerse lentamente. El niño lo vio con tristeza, como si algo precioso escapara entre sus dedos.

Como agua entre los dedos se esfumó, abuelo. ¿Qué pasa si yo también dejo escapar mis oportunidades? preguntó con temor.

El anciano lo miró fijamente.

Entonces aprenderás, como aprendimos todos. Pero si logras abrir los ojos a tiempo, quizá no todos tus castillos se desvanezcan.

Algunos podrás habitarlos, aunque sea por un instante. Y créeme, ese instante vale más que una vida entera soñando con lo que pudo haber sido. Recuerda siempre que no vivirás lo suficiente para cometer todos los errores del mundo y aprender de ellos. Esto significa que debes aprender de los errores ajenos.

El viento sopló fuerte, y los castillos desaparecieron poco a poco hasta que el aire quedó limpio otra vez. Solo quedaba el camino.

El niño respiró hondo y, con paso firme, retomó la marcha. Había comprendido algo esencial: las derrotas enseñan, los triunfos engañan, y el mayor error es dejar pasar la vida como si fuera eterna.

El verdadero valor de los castillos en el aire no está en que duren para siempre, sino en que nos enseñan a vivir con gratitud el presente. El pasado ya no vuelve, pero nos recuerda que todavía estamos a tiempo de levantar nuevas torres, de sembrar nuevas ilusiones, de caminar otros tramos con la misma esperanza, y de crear nuevas memorias.

Así, los castillos en el aire no son ilusiones perdidas, sino huellas del alma que nos recuerdan lo esencial: lo importante no es retenerlo todo, sino haberlo vivido a plenitud. Porque cada recuerdo es prueba de que hemos amado, hemos luchado y seguimos teniendo fuerza para seguir conquistando el camino.

CAPÍTULO XII
CUANDO QUEREMOS VIVIR

El sol comenzaba a filtrarse entre las ramas del camino, y el anciano, con paso lento pero firme, miró al niño y le dijo:

¿Sabes, pequeño? Hay momentos en el camino en que el alma se cansa, en que los pasos se vuelven pesados y el horizonte parece una línea demasiado lejana para alcanzarse. Entonces, el caminante se pregunta si vale la pena seguir, si realmente hay algo más allá de la cuesta o si el viaje no ha sido más que un espejismo del deseo. Pero cuando queremos vivir, algo en lo profundo despierta… y simplemente queremos vivir.

El niño lo miró con atención, pero no emitió palabras. A lo que el anciano continuó:

Es como una chispa que se niega a morir, una voz interior que murmura: "aún no has visto todo, aún no has sentido todo lo que la vida puede darte".

Habían pasado por tormentas y senderos áridos, pero en ese momento, todo parecía tener sentido. Entonces el niño volvió a levantar la mirada, con curiosidad.

¿Y qué es vivir de verdad, maestro? preguntó con inocencia.

El anciano sonrió, como quien posee la respuesta y, sin embargo, sabe que no se puede decir del todo.

A veces creemos que la vida se resume en sobrevivir, pero vivir es cuando algo en el alma se enciende, cuando cada paso tiene un sentido que no necesita explicación. Es cuando reímos sin miedo, cuando amamos sin medida y cuando el corazón se siente en casa. Vivir no es solo respirar, ni conservar el pulso. Vivir es tener fuego en los ojos, propósito en el pecho, esperanza en la herida. Es levantarse después de la caída y convertir el dolor en aprendizaje. Frotar tus dolencias con el bálsamo del optimismo, y hacer de tus cicatrices marcas indoloras. Que aunque estén ahí, no te produzcan ya dolor, sino que sirvan de referencias para recordarte tu espíritu de resistencia. Cuando queremos vivir, cada hoja, cada rayo de sol, cada palabra, cada llovizna, se vuelven señales del universo que nos invitan a seguir caminando.

El niño pensó un momento y dijo:

Entonces, ¿vivir no es solo seguir el camino?

No, muchacho respondió el anciano . Seguir el camino es necesario, pero querer vivir es lo que lo ilumina. Hay días en que comprendemos que vale la pena cada caída, cada silencio, cada intento… porque al final, cada instante de alegría pesa más que mil tristezas. El caminante que desea vivir no teme la tormenta, porque sabe que tras la lluvia el aire se purifica. Tras el mal tiempo, llega la calma. Aprende a amar incluso las piedras del sendero, porque en ellas ve las huellas de los que caminaron antes. En ellas, los tropiezos, más que golpes, se convierten en enseñanzas. Sabe que la vida no se conquista en los grandes logros, sino en los pequeños actos de coraje que nos empujan a dar un paso más, incluso cuando el alma tiembla, y cuando el ánimo mengua. Y es entonces, en ese instante de decisión, cuando el querer vivir se convierte en un milagro. No porque la vida cambie, sino porque cambia nuestra mirada. La vida siempre es la misma, y seguirá su curso; lo que cambia es nuestra perspectiva. Descubrimos que vivir es un regalo que se renueva a cada amanecer, y que incluso el sufrimiento tiene su secreto propósito: recordarnos que estamos vivos.

Maestro dijo el niño con una sonrisa, como quien comenzaba a comprender más y más :

¿No es maravilloso cuando tenemos ganas de vivir? Cuando el corazón late fuerte y sentimos que todo es posible, que el mundo está lleno de colores y caminos nuevos.

El anciano lo miró con ternura y respondió:

Sí, pequeño. Es en esos momentos cuando comprendemos que vivir no se trata solo de existir, sino de tener un motivo, un fuego interior que nos impulse. Vivir es volver a nuestro génesis, madurar hacia la infancia, hacer y amar aquellas cosas que realmente nos hacen felices.

El niño cerró los ojos y sintió el viento en el rostro.

Entonces comprendió que no había que llegar al final del camino para sentirse vivo. Bastaba con mirar el cielo, oír el río, escuchar el cantar de los pájaros, agradecer la vida, y soñar… y soñar.

¿Cuántas fuerzas necesito para realmente vivir, como tú dices, abuelo?

El anciano lo miró con compasión, tomándolo de ambas manos y dijo:

Querer vivir es el acto más valiente del alma. No surge del placer ni de la comodidad, sino del reconocimiento de que la vida, incluso con su carga de dolor y pérdida, sigue siendo un misterio sagrado que vale la pena habitar. Querer vivir no significa ignorar la oscuridad, sino mirarla de frente y decidir que aun dentro de ella existe una chispa que merece ser encendida. Sostener una antorcha encendida, y que ilumine el caminar, aun cuando sea incierto, es de valientes.

Cada día que elegimos continuar, estamos desafiando al vacío. En esa elección se encuentra la grandeza humana: la capacidad de transformar el sufrimiento en fuerza, la necesidad en fe y esperanza, la caída en sabiduría y la herida en compasión. Querer vivir es afirmar que la existencia tiene un sentido, aunque a veces no lo comprendamos del todo. Es confiar en que el amanecer regresará, aun cuando la noche parezca oscura e interminable.

Abuelo, si me alimento bien y mantengo mi cuerpo saludable, ¿estoy viviendo bien? con voz de ángel preguntó el menor.

A lo que el anciano respondió:

Me encantaría decirte que sí dijo sonriendo , entonces, levantando el rostro, agregó: pero el alma no camina sola; también el espíritu necesita alimento. No importa en qué creas, ni cuál sea el nombre que des al misterio que te sostiene. Lo esencial es reconocer que dentro de ti hay una presencia que pide ser cuidada, una voz que te llama a la calma, a la fe, a la esperanza. Nutrir el espíritu es recordar que hay algo más grande que nosotros mismos, algo que nos impulsa a seguir cuando la razón se agota. Ese alimento invisible la oración, la meditación, el amor, la gratitud, la ayuda al menesteroso es el sustento del caminante que no se rinde.

¿Y cuando perdemos a alguien que amamos, abuelo? ¿Cuando la ausencia se vuelve sombra y el corazón parece desmoronarse, es natural sentir que el deseo de vivir se apaga?

Hijo amado contestó el viejo , cuando la tristeza nos envuelve, cuando el mundo pierde color y los pasos se hacen pesados, es incluso en ese dolor profundo, donde hay que encontrar una forma de respeto y reverencia que nos llame a continuar. Vivir, entonces, se convierte en un homenaje silencioso a quienes partieron. Seguir adelante no es olvidar, sino honrar su memoria con cada acto de bondad, con cada suspiro de esperanza, con cada día conquistado.

Cuando realmente se quiere vivir continuó , no importa si el cuerpo duele, si la enfermedad llega o si las fuerzas se agotan. La vida sigue siendo un milagro. A veces, la plenitud no consiste en alcanzar la cima, sino en aprender a sonreír mientras subimos.

Sacarle brillo a la vida, aun en la adversidad, es un acto de sabiduría.

Vivir por querer hacerlo y no solo por inercia es el principio de toda transformación. Es el despertar del ser que ha comprendido que la vida no se mide por los años, sino por la intensidad con que se ama, se perdona y se agradece. Cuando realmente queremos vivir, dejamos de sobrevivir: empezamos a crear, a sanar, a descubrir la belleza escondida en lo cotidiano.

Porque en el fondo, querer vivir es un acto de amor por nosotros mismos, por los que nos rodean y por el propio camino que nos fue concedido recorrer. Y mientras exista ese deseo profundo de seguir, la vida siempre hallará la manera de florecer dentro de nosotros.

Luego de una pausa, el anciano, mirando al niño que medía sus pasos en el sendero, le dijo en voz baja, y casi inaudible:

No hay mayor fuerza que el deseo de seguir. Mientras el corazón quiera vivir, el camino siempre se abrirá. Porque cuando realmente queremos vivir, el universo entero conspira para que la vida misma nos abrace. Cuando queremos vivir, el camino deja de ser cuesta… y se convierte en vuelo.

El niño lo miró, comprendiendo sin palabras.

Y así, el sol, bronceando los montes lejanos, pareciendo bendecir sus pasos, y bajo la luz del amanecer, ambos siguieron andando. Más unidos que nunca, siguieron hacia el horizonte, con la certeza de que vivir no es más que un acto de amor hacia el presente.

CAPÍTULO XIII
EL LENGUAJE DEL AGUA

El niño y el anciano transitaban junto al cauce de un río que serpenteaba entre piedras plateadas. El sol, colado entre las ramas, jugaba con los reflejos del agua, que parecía hablar con su propio idioma.

Parece que el agua tiene voz dijo el niño, inclinándose para tocarla.

El anciano sonrió.

Los ríos siempre hablan, hijo. Lo que pasa es que muy pocos aprenden a escucharlos.

El niño lo miró con curiosidad.

¿Y qué dicen?

Lo primero que hacen es invitar a la naturaleza. Por eso están siempre rodeados de árboles, peces y aves que adornan su entorno.

También dicen lo que la vida intenta decirnos a cada paso respondió el anciano . Nos hablan del tiempo, de la constancia, de la entereza, de la necesidad de seguir adelante, y de reinventarnos, aunque los caminos cambien.

Mira cómo el agua no se detiene ante las piedras; las rodea, las acaricia, coquetea con ellas, les baila un vals, pero sigue su rumbo. Nunca se detiene, aunque encuentre piedras o ramas. No se queja, no se rinde. Solo busca su camino, con paciencia, con humildad. Y aunque a veces se vea sucia, su naturaleza la vuelve a la diafanidad.

Así debe ser el alma del caminante.

El niño observó las corrientes que se deslizaban con armonía.

Entonces... el río es sabio.

Sí dijo el anciano , porque ha aprendido a aceptar lo que no puede cambiar y a transformarse sin perder su esencia. Se adapta al medio ambiente que lo contiene. Eso es lo que los hombres olvidan. Quieren dominar la vida, cuando lo que deberían hacer es fluir con ella.

Un pez saltó en medio del cauce y rompió el silencio.

¿Y si el río se cansa? preguntó el niño.

El anciano lo miró con ternura.

El río no se cansa, hijo. Solo se transforma. A veces se convierte en lluvia, otras en neblina, y cuando vuelve a caer, sigue siendo el mismo. Así somos nosotros: cambiamos de forma, pero no de alma. Cambiamos de escenario, pero seguimos viviendo.

Caminaron un largo trecho hasta que, al caer la tarde, el sonido del agua cambió. Ya no era corriente, sino quietud. A lo lejos, un espejismo se transformaba poco a poco en una verdad: una franja verde, un manantial que surgía del corazón del desierto. Frente a ellos, un pequeño oasis resplandecía bajo la luz del ocaso.

El anciano se detuvo.

Mira, hijo. Así como el río encuentra descanso en el valle, nosotros también necesitamos un alto en el camino. De vez en cuando, hay que pararse en la senda y mirar hacia atrás. No para extrañar lo que se ha superado, sino para concientizarse de cuán lejos venimos, y cuánto hemos logrado.

El anciano cerró los ojos y respiró profundamente.

Ahí está dijo con voz suave . El oasis no solo es un lugar del camino, es también una promesa cumplida. Es la representación de nuestros sueños hcchos realidad.

El niño corrió hasta el manantial, bebió con ansias y miró su reflejo temblar en el agua. Volvió a juntar sus manos y tomó un poco más. Se dio cuenta de que gran parte se fue entre sus dedos, sin que nada pudiera hacer.

¿Por qué el agua se mueve aunque no haya viento? ¿Por qué se me escapa como por arte de magia? preguntó.

Porque la vida nunca se detiene dijo el anciano . Incluso en el silencio más profundo, algo sigue latiendo. Esta agua ha viajado más que nosotros. Quizá alguna vez fue nube, o parte de un mar, o una lágrima. O quizás, sencillamente, humedeció un jardín florido. Todo en la vida tiene su recorrido.

El niño lo escuchó con atención.

Entonces, ¿este lugar también pasará?

El anciano asintió.

Todo pasa, hijo. Pero hay momentos que debemos detenernos a contemplar, porque son los que nos dan fuerza para seguir. El hecho de que algo vaya a pasar no significa que no lo disfrutemos, en su momento.

¿Y por qué se nos escapa entre los dedos aunque presionemos las manos con fuerza? cuestionó.

Porque la vida pasa, y si no ponemos atención, así de rápido y fácil se nos va contestó el viejo . La vida es como un ser vivo, que nace, crece, se reproduce y muere. Tiene su ciclo, aunque no lo veamos así.

El oasis no está para quedarse, sino para recordarnos que incluso en medio del desierto, la vida es capaz de florecer.

¿No has escuchado la historia de la flor de loto, hijo mío?

No, abuelo. ¿De qué se trata?

La flor de loto es una flor que tiene profundo simbolismo en diversas culturas, religiones, y círculos sociales. Es una planta acuática muy parecida a las hermosas piedras de este río. Crece en lugares pantanosos, en el fango y, a pesar de ello, su flor se alza sobre la superficie para florecer elevada, fragante y estilizada. Es un perfecto simbolismo asociado a la pureza, el renacimiento, la fuerza y la superación de la adversidad. Una poderosa metáfora de la resiliencia y la iluminación espiritual.

El niño bajó la mirada.

¿Y si uno se queda aquí para siempre?

Se marchita respondió el anciano con serenidad . El agua del oasis no fue hecha para estancarse, sino para alimentar el viaje. Quien se queda demasiado tiempo en su descanso olvida el propósito del camino, y del viaje.

No se trata de alterar su ciclo, sino de vivirlo con conciencia, y enfrentarlo con dignidad también agregó . Para que entiendas mejor, te daré el perfecto ejemplo:

Imagínate un hombre que se ejercita, come bien, descansa lo suficiente, evita el exceso de alcohol y tabaco, maneja bien el estrés, tiene actitud positiva, y buenas conexiones sociales con familiares y amigos, está supuesto a vivir largos días. Pero esto no le evita algún día experimentar canas, arrugas y alta presión arterial. Por bien que nos cuidemos, estas cosas son inevitables. A unos les llegan primero que a otros, pero al final, si no morimos jóvenes, todos las experimentamos.

Guardaron silencio. El sonido del río se mezcló con el murmullo del viento, como si la naturaleza entera pronunciara una oración sin palabras.

Maestro susurró el niño , ¿y dónde termina el río?

En el mar respondió el anciano , donde todas las aguas se encuentran. Es el destino de todo lo que vive: volver a su origen, unirse con lo eterno.

El niño sonrió, comprendiendo por fin el misterio del fluir.

Entonces, cuando escuche el río, ¿escucharé también mi alma?

Exactamente dijo el anciano . Porque el agua habla en el idioma de la vida, y quien aprende a escucharla, aprende a vivir. Porque cada ser humano es como un río que busca su mar. Y en ese trayecto, lo importante no es llegar, sino aprender a fluir con gratitud, con conciencia, con dignidad, sin olvidar que cada piedra en el camino también forma parte de la música del agua.

El anciano se incorporó y miró el horizonte.

Ven, hijo. El camino sigue. Que el río te enseñe a no tener miedo del cambio, y el oasis te recuerde que la paz también es parte del viaje.

Y mientras se alejaban, el murmullo del agua quedó atrás como una canción antigua que seguía fluyendo, y como un merengue sin letra que recordaba que la verdadera sabiduría no está en llegar, sino en aprender a fluir.

CAPÍTULO XIV
LOS CAMINOS DE TODOS

El amanecer se abría como una flor en el horizonte. El anciano y el niño caminaban sobre un sendero ancho y tranquilo, donde las huellas de muchos viajeros se entrelazaban, sin distinguir edad, raza o procedencia, pero no se veía a nadie. Cada paso levantaba un leve polvo dorado, como si el suelo mismo quisiera recordar que todos, absolutamente todos, sin excepción, somos parte de la misma tierra.

Llenos de energía por la oportunidad de un nuevo día, siguen firmes su trayecto. Y mientras caminaban unas millas más, llegaron a un tramo del camino donde se encontraban parte de los dueños de aquellas huellas. Muchos viajeros: hombres, mujeres, ancianos, niños.

Se divisaban caminantes de distintos rostros, colores y acentos. Personas de diferentes tierras y etnias. Cada uno llevaba su carga, su historia, su destino. Todos compartían el mismo sendero.

El niño observó en silencio, maravillado por la diversidad que se extendía ante sus ojos, y se rebosó de preguntas:

Maestro, ¿por qué algunos caminos separan a las personas? preguntó con voz triste . He escuchado que en algunos lugares no dejan caminar juntos a quienes son diferentes.

¿Por qué hay quienes caminan separados? ¿Por qué algunos parecen no aceptar a los demás?

El anciano respiró profundo, mirando el horizonte.

Porque muchos aún no han comprendido dijo con serenidad que el camino no nos pertenece. Nadie es dueño del sendero, todos lo transitamos por gracia de la vida. No importa el color de tu piel, ni tu credo, ni de dónde vengas. En el camino, todos somos iguales. Todos reímos, todos sufrimos, todos soñamos. Aún no han comprendido que el camino es de todos. Y mientras más creemos que el suelo es solo nuestro, más nos alejamos de la verdad.

Nadie posee la tierra que pisamos, ni el aire que respiramos. Todos venimos del mismo polvo, y al final, hacia él regresaremos. El color, la creencia, la lengua o la bandera son solo vestiduras pasajeras del alma.

Pero, ¿no somos todos iguales? insistió el niño.

Cuando el sol sale, brilla para todos. Cuando la lluvia cae, moja a todos por igual. Así debería ser dijo el anciano . En el camino verdadero, el color de la piel es apenas una sombra sobre la luz del alma. La lengua con que hablas, las ropas que vistes, el lugar de donde vienes, la fe que profesas o el amor que eliges... nada de eso cambia lo que eres: un viajero en busca de sentido.

Prosiguiendo la marcha, caminaron un buen rato en silencio, hasta llegar a un claro donde el viento soplaba con fuerza y traía nuevas voces lejanas. De manera rápida y firme, cruzaron ese trecho, hasta adentrarse justo donde estaba la nueva muchedumbre: voces que discutían, que señalaban, que intentaban imponer su verdad.

El niño frunció el ceño.

¿Por qué quieren que todos piensen igual? preguntó.

Porque el miedo, hijo dijo el anciano , es el más viejo de los tiranos. Hay quienes temen perder su poder si dejan que otros piensen por sí mismos. Existen grupos, instituciones, hasta reinos enteros que han querido dictar lo que debe sentir el corazón humano. Usan sus banderas, sus templos o sus leyes, pero el fin es el mismo: controlar el rumbo de los demás.

El niño bajó la mirada, confundido.

¿Y entonces, qué debemos hacer?

Debemos ser sabios dijo el anciano con calma . No todo lo que brilla es verdad, ni toda voz que suena fuerte merece ser escuchada. Caminar libre no significa andar sin rumbo, sino hacerlo con conciencia y respeto. Y, sobre todo, nunca dejar de amar.

Como agua que lleva el río, siguieron su peregrinaje sin parar.

Caminaron en silencio unas cuantas millas más, mientras el murmullo del viento traía voces de otros caminantes. Voces con un tono distinto, y una melodía diferente. Eran risas, acentos variados, canciones que esta vez hablaban de esperanza. En el aire se escuchaban canciones de diferentes acentos, risas de distintas lenguas, pero todas armonizaban en un mismo tono: el de la vida compartida.

El anciano se detuvo y señaló el horizonte.

Mira, muchacho. Todos esos rostros, aunque distintos, llevan el mismo brillo en los ojos: el deseo de llegar, de aprender, de amar.

En el fondo, no hay caminos de unos o de otros; hay un solo camino que nos une a todos: el del respeto, la dignidad y la paz.

El niño meditó un momento y dijo con voz dulce:

Entonces, cuando alguien desprecia a otro, también se pierde a sí mismo.

Exactamente asintió el anciano . Quien no respeta, olvida su propio origen. Quien no reconoce la dignidad de los demás, pierde la suya. Recuerda siempre, pequeño: el respeto al derecho ajeno es la paz. Y la paz es la flor más bella que crece en el suelo del respeto y del amor. Ser justo, ser digno y vivir con compasión, eso es lo que hace que el viaje valga la pena. Solo quien camina con amor puede llegar verdaderamente lejos, y solo quien es justo podrá algún día alcanzar la felicidad.

Ambos siguieron avanzando. A cada paso, se unían nuevos viajeros: mujeres, hombres, jóvenes, ancianos, todos diferentes, pero unidos por un mismo destino. El sol, desde lo alto, parecía bendecir aquella caravana de almas que, sin importar su pasado o sus diferencias, habían entendido la lección más grande del camino: que la inclusión no es una idea, sino una forma de amar. Y que quien ama, nunca camina solo.

Maestro dijo el niño , cuando todos caminamos juntos, siento que el camino es más fácil.

El anciano lo miró con una sonrisa tranquila y respondió:

Porque en la unión está la fuerza, pequeño. Quien camina solo puede avanzar, pero quien camina con otros, llega más lejos. Y cuando vivimos no solo para nosotros, sino también para los demás, entonces realmente tenemos ganas de vivir.

El sol ya estaba alto cuando se detuvieron a descansar bajo un árbol. El anciano cerró los ojos y murmuró:

Vivir verdaderamente es permitir que todos vivan también. La inclusión no es una idea, es una forma de amar. Y quien ama, nunca camina solo.

CAPÍTULO XV
EL MERCADO DE LA CONCIENCIA

En la noche, alumbraba la misma luna con un millón de sueños que soñar.

Y en la mañana, se levantaba el mismo sol con un billón de amaneceres por descubrir.

Con un manojo de incógnitas, el niño seguía preguntando. Un niño con un cerebro preñado de sueños comenzó a dar a luz un puñado de ideas locas. Cada palabra, cada duda y cada gesto dibujaban en su mirada un hambre insaciable por aprender.

El anciano era una luz de coherencia frente a la oscuridad del caos de la inocencia en un mundo hostil. No desaprovechaba oportunidad alguna para guiar al menor, sembrando en su corazón las semillas de la razón y del espíritu.

Mientras trataba de explicar algo, el anciano se mordió la lengua y, con una sonrisa, dijo en tono de broma:

No creo que sea la mejor manera de comer carne en este lugar.

El niño no rió; quizás no lo entendió, o tal vez estaba demasiado concentrado en su próxima pregunta.

Empapando con el sudor de su frente la boina que llevaba en la mano, preguntó:

¿Cuál cree usted que es la brújula de este viaje, maestro? ¿Los valores, la inteligencia, la familia, la resistencia o la solidaridad?

El anciano lo miró con serenidad.

Lo peor que puede hacer un hombre dijo es renunciar a sus principios y engañarse a sí mismo. Porque tú eres testigo de tu propio engaño.

Recuerda siempre que un hombre es lo que muestra externamente más la suma de sus pensamientos. Él no es solo él mismo, sino la herencia de quienes lo antecedieron y el reflejo de quienes vendrán. Mi legado es lo que represento de mis ancestros, y las huellas que dejo a los que algún día caminarán después.

¿Y no perder los principios y valores te hace un hombre exitoso? interrumpió el niño.

El viejo sonrió con ternura.

El éxito, hijo, no es llegar más lejos, sino salir con la mayor dignidad posible, de lo más profundo de donde estabas. Nunca temas equivocarte, porque los errores enseñan más que los triunfos. Pero teme, sí, a perder tu conciencia, porque ella es el único espejo que no miente.

El anciano hablaba así porque sabía que la maldad humana se había convertido en una especie de cáncer que comienza comiendo una sola célula, hasta devorar todo lo que tocaba.

Las aves saben distinguir entre el día y la noche continuó, pero el hombre moderno parece haber perdido la capacidad de distinguir entre el bien y el mal. El ruido del mundo le ha robado el oído interior.

El niño permanecía pensativo.

Pero, abuelo, casi todos los que hemos visto en este camino se esfuerzan por llegar con éxito hasta el final. ¿Por qué lo hacen?

Porque confunden éxito con propósito respondió el anciano .

Si algo deseo que persigas no es el éxito, sino la paz. Porque el éxito, a través del esfuerzo, llega solo.

En nuestro paso por este sendero vamos armando el rompecabezas de nuestra propia vida. El éxito llega solo cuando el alma está en calma.

Cuando vives en paz, el ruido exterior no te distrae.

Caminaron un largo trecho hasta llegar a un gran parador. Las flores llenaban sus atrios y su acceso era múltiple.

Diversas entradas, pero ninguna tenía puertas físicas.

Su arquitectura combinaba estilos orientales, barrocos y victorianos, como si fuese el testimonio de muchas culturas entrelazadas. Era testimonio de la originalidad y mezcla de sus ideólogos.

El lugar era majestuoso y su concurrencia diversa. Había de todo tipo de rostros, lenguas y costumbres.

El ambiente era vibrante, y cada rincón parecía respirar la mezcla de la humanidad.

El elemento común era inexistente, pero todos habían llegado buscando un descanso físico y mental. Algunos traían pertenencias valiosas, defendidas hasta con su vida; otros, nada más que lo puesto. Nadie vivía allí, nadie lo administraba. Era como una parada de tren: la gente subía y bajaba, pero el tren seguía su curso.

Era un espacio de conciencia, una prueba de carácter. Allí, la comodidad y lo material no eran prioridad. Se trataba de vencer al ego, de hacer brillar la luz del entendimiento sobre la ignorancia.

El anciano observó con atención y dijo:

Este es, hijo mío, el **"Mercado de la Conciencia".**

El niño lo miró, curioso.

¿Y qué se vende aquí, maestro?

El anciano respondió:

Aquí nadie vende oro ni compra plata.

Aquí se comercia con lo invisible: la moral, la verdad, el respeto y la dignidad. Aquí se compra amistad, servicio, y descanso sin monedas.

El lugar trata de cambiar el paradigma tradicional de que la necesidad se sacia con dinero, su equivalente o la burocracia.

Aquí se entiende que donde no hay nada, todo está seguro; pero donde hay dinero, no hay amigos, ni honor, ni cultura, ni patriotismo, ni ciencia… solo intereses.

El niño frunció el ceño.

¿Y entonces cómo se compra?

Con conciencia respondió el anciano .

En un mundo donde todo tiene su precio y valor, donde generalmente vales lo que tienes, el camino te manda a que compres, y que compres sin dinero.

Donde hay dinero, hay posibilidad de corrupción. Pero cuando compras con conciencia, lo haces sin engaño. Lo que no tiene precio es un regalo, y lo que es un regalo no tiene límites. En el camino no hay fronteras; los límites los crean los hombres.

Caminaron hasta el centro del parador, donde un gran letrero estaba grabado sobre piedra con tinta indeleble. En letras majestuosas podía leerse:

"A los que tienen sed, pasen y compren sin dinero."

El niño leyó en voz alta y preguntó:

¿Por qué dice a los que tienen sed?

Porque los sedientos son los que buscan contestó el anciano . El que está lleno de sí mismo no tiene espacio para aprender.

El que no tiene sed de justicia, de amor o de verdad, muere de abundancia vacía.

El anciano acarició su barba y continuó:

Dondequiera que hay una transacción que involucra dinero, hay riesgo de corrupción, de manipulación y de mentira. En cambio, cuando lo que se compra es con conciencia, el precio se paga con integridad, y el alma sale victoriosa. Aquí, la transacción es del alma.

Más adelante, ambos se detuvieron frente a un riachuelo.

El agua corría clara y luminosa, y su sonido se mezclaba con el canto de las aves.

Siguieron su cauce hasta que los condujo hacia un oasis oculto entre árboles. El agua fluía como vida en medio del desierto.

Era un maravilloso charco de agua natural, que fluía como maná que cae del cielo en medio de una hambruna galopante, o como el aire que recibe una momia al salir del sarcófago, luego de mil años dormida, y haber cargado las baterías para diez mil más.

No había playa ni arenal, solo los grandes sauces, con sus gruesos troncos, ramas extravagantes de engalanado follaje, y lanceoladas hojas blanquecinas que se mecían suavemente bajo la brisa, pareciendo murmurar oraciones al viento.

Ambos se miraron maravillados, comprendiendo que aquel lugar era más que un descanso: era una lección.

Allí se sentaron a descansar.

El anciano tomó un poco de agua con sus manos y la dejó correr entre sus dedos.

¿Ves, hijo? Así es la conciencia.

Cuesta mantenerla limpia, pero cuando lo logras, refleja la verdad.

El niño guardó silencio, contemplando el reflejo de la luna en el agua.

Entonces, maestro… ¿Quién vigila este mercado?

Nadie respondió el anciano .

Y precisamente por eso es una prueba.

Aquí, donde nadie te observa, es donde realmente se demuestra quién eres. El verdadero valor del hombre se mide cuando no hay testigos.

El anciano miró hacia el horizonte y concluyó:

El mercado de la conciencia no tiene dueño ni custodio, porque el custodio eres tú mismo. El camino solo te ofrece el lugar, pero tú decides qué compras y qué vendes. Y recuerda: lo que se compra sin dinero tiene un precio invisible… pero con un valor eterno.

El niño asintió lentamente, comprendiendo que aquel parador no era solo un descanso en el viaje, sino un espejo del alma. Con voz serena, dijo:

Abuelo, creo que empiezo a entender… El verdadero mercado es el alma.

Y el anciano, sonriendo, le respondió:

Así es, hijo mío. En el mercado de la conciencia, solo compra el que tiene sed… y solo recibe el que tiene luz.

Mientras el sol caía detrás de los sauces, el anciano se puso de pie y añadió con voz firme:

Hijo, algún día volverás a este lugar.

Y cuando eso ocurra, no vengas a comprar… ven a ofrecer lo que aprendiste.

El niño sonrió, y juntos siguieron caminando bajo el resplandor dorado del atardecer, sabiendo que acababan de salir del único mercado donde la moneda válida era la conciencia.

Mainly I only fixed punctuation, accent marks, dialogue formatting, and very small style issues like **solo** and the quotation mark at **"Mercado de la Conciencia"**.

CAPÍTULO XVI
LOS ECOS DE LA MEMORIA

El sendero se extendía bajo una brisa suave, y el anciano caminaba despacio, observando los árboles que parecían susurrar historias que el viento traía desde tiempos inmemoriales. El niño, curioso, miraba todo con asombro, como si cada piedra tuviera algo que contar.

Maestro preguntó el niño , ¿por qué recuerdan los árboles tanto?

El anciano sonrió.

Porque en sus raíces guardan lo que han vivido.

El niño caminó por unos minutos en silencio, pensativo, observando cómo, entonces, el anciano comenzó a acariciar una piedra que había recogido del suelo.

¿Por qué una piedra? Sin externar palabras, se preguntaba el menor.

Parecía un gesto simple, pero en su mirada había una ternura profunda, como si aquella piedra escondiera, para el anciano, un secreto.

¿Por qué guardas esa piedra, maestro? preguntó el niño, sin poder evitarlo.

El anciano sonrió sin responder al instante. Luego, alzando la vista hacia el horizonte, dijo con voz serena:

Porque en el camino, hijo mío, la memoria es la piedra más valiosa que cargamos. La memoria, pequeño, es el alma del tiempo. Ella guarda las huellas de lo que fuimos, las voces de quienes nos amaron, las lecciones de las caídas y la música de las victorias. La memoria puede ser un bálsamo… o una herida. Puede ser una lámpara que nos guía hacia adelante o una cadena que nos ata al ayer.

El niño lo escuchaba en silencio, como si cada palabra se quedara suspendida en el aire.

Entonces… ¿La memoria puede hacernos libres o prisioneros? preguntó.

Así es respondió el anciano . Ella puede ser el puente que te conecta con la esperanza o la cadena que te ata al pasado. Puede ser la razón por la cual nos reconciliamos y tenemos afecto, o el motivo por el cual nos resistimos a avanzar. La memoria puede deprimirnos, o puede impulsarnos a ser mejores.

El niño se quedó pensativo.

¿Entonces la memoria puede ayudarnos o dañarnos?

Eso es cierto respondió el anciano .

Nos permite crear cosas nuevas, porque el recuerdo nos enseña cómo vivir mejor, cómo evitar los errores, cómo repetir lo que nos hizo bien. Pero también puede ser una prisión si nos aferramos demasiado a lo que ya no puede volver.

Por un breve momento, el niño caminó en silencio, mirando hacia atrás de vez en cuando, como si buscara algo que había dejado olvidado en el sendero. El anciano, al percatarse de su actitud, volvió a sonreír con serenidad y dijo:

La memoria, pequeño, es el puente invisible entre lo que fuimos, lo que somos, y lo que podemos llegar a ser. Ella guarda el perfume de los días felices, pero también el eco de nuestras lágrimas. Es una aliada poderosa… aunque a veces también puede convertirse en una sombra.

El niño levantó la vista con curiosidad.

¿Y por qué una sombra, maestro?

Porque si solo vivimos mirando hacia atrás respondió el anciano , corremos el riesgo de tropezar con lo que tenemos delante. La memoria debe servirnos para avanzar, no para estancarnos.

El niño asintió lentamente.

Entonces… ¿La memoria también puede ayudarnos a amar y a perdonar?

Así es dijo el anciano con ternura . La memoria es el taller del alma. Ella guarda los rostros de los que amamos, las palabras de quienes nos hirieron y las lecciones que aprendimos en el camino. Nos enseña a perdonar, porque recuerda lo que somos capaces de perder si no lo hacemos. Nos enseña a amar, porque nos devuelve a los momentos en que el corazón supo latir con gratitud.

El anciano continuó, con un tono más reflexivo:

La memoria nos enseña a perdonar, porque nos recuerda cuánto hemos fallado nosotros mismos. Nos enseña a amar, porque revive los gestos y las palabras que marcaron nuestra vida. Y también nos enseña a llorar, porque nos devuelve el eco de los ausentes. Cada lágrima tiene un origen en el recuerdo. Por eso la memoria es humana, y sin ella el corazón sería solo como una guitarra sin cuerdas.

Luego el anciano se detuvo un momento, recogió un puñado de tierra y dejó que el viento la deshiciera entre sus dedos. Su voz se volvió más profunda, casi solemne:

La memoria, hijo mío, es a nuestras vidas lo que el oxígeno es al respirar. Sin ella, el alma se asfixia. La memoria es a nuestro cerebro lo que la fe es a nuestro espíritu: un impulso vital que le da sentido a lo que somos. Sin memoria no hay raciocinio, no hay continuidad, no hay identidad. Ella es el combustible que alimenta nuestro pensamiento, y la llama de la conciencia. El faro que ilumina nuestras decisiones, la voz que nos recuerda quiénes somos y hacia dónde vamos. Gracias a la memoria recordamos nuestras obligaciones y deberes con los nuestros, con el prójimo y con nosotros mismos. Es ella la que nos llama al compromiso, la que nos impide olvidar de dónde venimos y quiénes nos ayudaron a llegar hasta aquí.

El niño lo escuchaba con atención, como si cada palabra cayera en su corazón como semilla.

¿Y qué debemos hacer con las memorias tristes? preguntó con timidez.

El anciano respiró profundo.

Agradecerlas. Porque ellas nos hicieron más sabios. La tristeza también educa, aunque su método sea duro. La memoria del dolor nos recuerda que somos capaces de resistir, de levantarnos, de seguir andando cuando creíamos que no podíamos más.

El anciano detuvo su paso, y mirando al niño con ternura le dijo:

Pero no olvides esto: también hay que crear nuevas memorias. No vivas solo del ayer. Vive el presente con intensidad, porque lo que hagas hoy será el recuerdo que te abrace mañana. Camina, ríe, ayuda, ama… cada instante cuenta. El día que la memoria se apague, solo quedará lo que sembraste en el corazón de otros.

El niño miró el horizonte y sonrió:

Entonces, maestro, cada paso que damos… ¿Es una memoria que estamos construyendo?

Exactamente, pequeño respondió el anciano. La memoria es el eco del alma, y el alma, cuando ama, nunca olvida. Procura, entonces, que tus huellas no se borren con el tiempo, sino que florezcan en los recuerdos de los demás. Solo así, cuando el cuerpo se canse y la voz se apague, seguirás viviendo en los caminos de quienes un día caminaste junto a ellos.

Luego de un breve silencio, el anciano continuó:

Existen distintos tipos de memoria, y cada una cumple su propósito en el sendero de la vida. Está la memoria social, que pertenece a los pueblos. Es la conciencia colectiva de lo que una nación ha vivido. Cuando los pueblos olvidan el dolor de la injusticia o las mentiras de sus gobernantes, vuelven a tropezar con las mismas piedras. Cuando una sociedad olvida las situaciones de agravio que ha vivido, se vuelve fácil de engañar. Los gobernantes corruptos lo saben: ofrecen migajas, breves periodos de aparente bienestar, y los pueblos olvidan el dolor de años enteros. Es triste ver sociedades que, por un instante de bienestar o por promesas fugaces, olvidan años de abuso y engaño. Quien pierde la memoria social pierde también la dignidad. Recordar no es guardar rencor, es aprender a no repetir.

¿Y la memoria espiritual? preguntó el niño.

Esa es el ancla del alma respondió el anciano . Es la que nos mantiene firmes cuando el viento de las modas y las creencias pasajeras intenta desviarnos. Es la que mantiene firme nuestra fe, cualquiera que sea. No debemos dejarnos arrastrar por creencias pasajeras ni modas que prometen respuestas instantáneas. La verdadera espiritualidad exige congruencia y esfuerzo. No se trata de fanatismo, sino de permanecer en lo que tiene fundamento, aunque duela, aunque cueste. La fe que se ejercita en la dificultad se convierte en certeza. Hay quienes cambian de fe como cambian de ropa, buscando lo fácil, lo nuevo, lo que menos esfuerzo exige. Pero la verdadera memoria espiritual consiste en permanecer en lo que tiene raíz, en lo que da fruto, aunque demande sacrificio. No se trata de fanatismo, sino de coherencia, de fidelidad a lo que es verdadero. La memoria espiritual nos enseña a recordar de dónde venimos y a quién pertenecemos, para no perdernos en el ruido del mundo.

¿Y la memoria personal? insistió el niño, con una sonrisa curiosa.

Ah, la memoria personal… dijo el anciano mirando al horizonte . Esa es la más íntima de todas. Es la memoria que guarda los momentos que nos marcaron. Ella es la que nos transporta a los días felices y nos invita a permanecer en ellos. Es la que guarda los instantes que nos hicieron sentir vivos: un amanecer, un abrazo, una melodía, una voz. Pero también puede convertirse en una trampa si nos negamos a seguir adelante, si queremos vivir siempre en esos recuerdos. Debemos tener cuidado: aferrarnos al pasado nos impide vivir el presente.

Hay que recordar sin quedarnos prisioneros del recuerdo. Es hermoso mirar hacia atrás, pero debemos recordar que el camino continúa. La memoria no debe ser una cárcel, sino un jardín donde las flores del ayer perfuman el hoy. Los buenos recuerdos son alimento, no morada.

El niño, con la frente fruncida, preguntó:

¿Y por qué hay quienes prefieren que los demás no recuerden?

Porque un pueblo sin memoria es como un caminante sin rumbo contestó el anciano . La ignorancia es el arma más poderosa de los que buscan dominar. Cuando no recordamos, dejamos de cuestionar. Por eso, hijo, hay quienes apagan la lámpara de la memoria… para mantenernos en la oscuridad.

Luego hizo una pausa y añadió con tono grave:

La verdadera pobreza no está en la falta de riquezas materiales, sino en la ausencia de libertad. Y la única riqueza verdadera es precisamente la libertad; esa que nos sitúa en nuestra mejor versión. Es como una lámpara encendida en una habitación oscura: no se trata de adornar la habitación, sino de iluminarla. ¿Por qué algunos no quieren que se ilumine? Porque prefieren que seamos ciegos… así somos más fáciles de dominar.

El anciano se detuvo, miró al horizonte, y con voz pausada continuó:

Las sociedades que perduran no son las más avanzadas científicamente, ni las más poderosas militarmente. Son aquellas que se sostienen sobre valores éticos. El conocimiento puede crear herramientas, pero solo los valores saben darles buen uso. Sin ética, el conocimiento se convierte en arma. Sin principios, la ciencia puede destruir lo que un día prometió proteger. Es por eso que la memoria moral y el valor de la dignidad son esenciales para la supervivencia de toda civilización.

El niño lo observó con curiosidad.

¿Y qué tiene que ver eso con la guerra, maestro?

El anciano bajó la mirada.

Todo, hijo. Hace miles de años, los griegos y los troyanos se enfrentaron por poder, orgullo y ambición. La historia la recuerda como la *"Guerra de Troya"*, pero en realidad fue una guerra por el ego humano. A lo largo del tiempo, muchos imperios han caído en la misma trampa. A eso le llaman los sabios *"la trampa de Tucídides"*: cuando una potencia emergente amenaza a otra establecida, y el miedo, más que la razón, desata el conflicto.

El niño se quedó pensativo.

Entonces… la memoria también puede enseñarnos a evitar la guerra.

Exactamente. Cuando recordamos los errores del pasado, sembramos paz en el futuro.

El anciano se detuvo un momento, tomó una hoja del suelo y la observó detenidamente.

El caminante sabio no solo recuerda dijo finalmente , también cultiva y ejercita su memoria. Aprende del pasado sin esclavizarse, guarda lo esencial y deja ir lo que le pesa. La memoria es el testigo del alma; nos recuerda nuestras obligaciones con los demás, con nosotros mismos y con la vida.

Y al continuar su andar, el anciano concluyó con voz suave pero firme:

Cultiva la memoria, niño, pero hazlo con sabiduría. Recuerda lo suficiente para no perderte… pero olvida lo necesario para poder seguir caminando.

CAPÍTULO XVII
EL CAMINO DE LA LIBERTAD

Al despertar de las aves, el amanecer se abría paso entre los montes, y los rayos del sol acariciaban el sendero por donde el anciano y el niño caminaban en silencio. El viento soplaba suave sobre el camino, moviendo las hojas secas que caían a los pies del anciano y el niño, y traía consigo una calma profunda, como si el universo escuchara.

De pronto, el anciano habló con voz pausada y firme:

¿Sabes, pequeño? La libertad es el principio de toda democracia. Sin ella, el camino se vuelve oscuro, pierde su luz, y el hombre pierde su dignidad.

Todos los hombres nacen iguales… no porque sus cuerpos lo sean, ni sus caras sean las mismas, sino porque todos tienen el mismo derecho a caminar, a decidir y a soñar.

Ese es el verdadero sentido de la igualdad: no una copia, sino una oportunidad.

El niño, curioso, preguntó:

¿Y qué es ser libre, maestro? ¿Hacer lo que uno quiera?

El anciano sonrió levemente.

No, hijo. Ser libre no es hacer lo que uno quiera, sino hacer lo que es justo sin miedo.

La libertad no se mide por la ausencia de reglas, sino por la presencia de conciencia. Nace en el alma, no en los decretos.

La libertad es la esencia misma de la vida.

Dios, o la naturaleza, según cada quien la entienda, nos puso en el mundo para caminar por el sendero con conciencia, con responsabilidad, con respeto. Y en ese sentido, todos los hombres nacen iguales…

Iguales no porque tengan las mismas fuerzas, los mismos gustos, ni los mismos talentos, sino porque tienen el mismo derecho a decidir su propio rumbo.

Y recuerda algo importante: lo prohibido se vuelve apetecible. Por eso, quien es verdaderamente libre no se deja tentar por lo que está vedado, sino que elige lo correcto aunque nadie lo vigile.

¿Y por qué hay quienes quieren quitarles ese derecho a otros? preguntó el niño.

El anciano suspiró.

Porque muchos confunden poder con guía.

Cuando los pueblos pierden su pasión por la libertad, entregan sus pasos a quienes prometen conducirlos, pero que en realidad los atan.

Y eso sucede cuando se pone la fe, la esperanza y la confianza en un hombre y no en los principios, valores e ideas que deben sostener el camino.

El débil pone su fe en los caudillos; el fuerte, en sus convicciones. El primero vive con miedo, el segundo con dignidad.

Entonces… dijo el niño ¿no debemos seguir a nadie?

Sí respondió el anciano , debemos seguir a quien nos recuerde que también nosotros podemos pensar, decidir y actuar con conciencia.

El verdadero líder no es el que manda, sino el que enseña a los demás a ser libres. Porque la libertad no se impone, se inspira.

Caminaron unos pasos más, mientras el sol empezaba a elevarse entre las montañas. El anciano continuó:

La libertad no es una bandera que se agita solo en tiempos de lucha; es una llama que debe protegerse cada día.

Es la capacidad de elegir sin dañar, de pensar sin miedo, de vivir sin cadenas.

Y en este sendero de la vida, hijo, todos tenemos el mismo derecho a caminar, aunque no todos eligen hacerlo con el mismo valor y al mismo ritmo.

El niño bajó la vista, pensativo, mientras el anciano continuaba:

La libertad, hijo mío, no es un regalo que nos otorgan, sino una responsabilidad que debemos cuidar.

Muchos esperan que sea el gobierno o el prójimo quien les provea todas las muletas para subsistir; pero esas muletas, con el tiempo, los vuelven paralíticos del alma.

Los hacen dependientes, incapaces de andar por sí mismos.

La libertad requiere esfuerzo, coraje y, sobre todo, voluntad para valerse por uno mismo.

El hombre que no lucha por su sustento, ni por sus ideales, termina aceptando cualquier yugo con tal de no caer.

El niño levantó la vista, intrigado:

¿Y la felicidad, maestro? ¿También es un derecho?

El anciano asintió con suavidad.

La felicidad no está garantizada, pequeño. Nadie puede prometerte ser feliz. Lo único que debe estar garantizado es la oportunidad de buscarla.

Cada quien debe trazar su propio camino, equivocarse, levantarse y continuar.

Pretender que otro camine por ti, o que te cargue todo el viaje, es renunciar a tu libertad y a tu esencia. Porque quien depende de otro para vivir, pronto depende también para pensar.

El viento sopló con fuerza, levantando el polvo del sendero. El anciano miró hacia el horizonte y prosiguió:

Los pueblos que pierden su pasión por la libertad terminan siendo guiados por caudillos que prometen seguridad a cambio de obediencia.

Y eso, hijo, es el principio de toda servidumbre.

El débil pone su fe en los hombres; el fuerte, en los principios, los valores y las ideas. Solo quien camina guiado por su conciencia puede decir que realmente es libre.

El niño lo observaba con atención. Entonces el anciano se detuvo, respiró hondo, y con voz más firme, casi como en un sermón, añadió:

Hijo mío, muchos confunden la pobreza con la falta de riqueza, pero te digo una gran verdad: la única riqueza verdadera es la libertad.

La libertad nos sitúa en nuestra mejor versión de nosotros mismos. Es una lámpara en medio de una habitación oscura.

No se trata de adornar la habitación, sino de alumbrarla.

¿Y sabes por qué algunos no quieren que la habitación se ilumine?

Porque prefieren que seamos ciegos, para que seamos más fácilmente dominables. Un pueblo sin luz, sin pensamiento y sin libertad, es un pueblo arrodillado.

Por eso, hijo, nunca dejes que te apaguen la lámpara interior, porque quien pierde la luz termina amando su propia oscuridad. Y termina viviendo en medio de una crisis de modelo de vida.

El niño, con los ojos llenos de asombro, dijo:

Entonces, maestro, la libertad es como el aire…

Exacto respondió el anciano .

El aire no se ve, pero se siente. Y cuando falta, no hay vida.

Así es la libertad: invisible, pero vital.

Cuídala como cuidas tu respiración, como si fuera la niña de tus ojos. Defiéndela con la verdad, protégela con tu dignidad y nunca la entregues a quien quiera pensar o decidir por ti.

Ambos continuaron su marcha, y el anciano concluyó, con una voz que parecía fundirse con el viento:

Recuerda esto, pequeño:

El que camina con libertad, camina con luz.

Y el que camina con luz jamás será esclavo de las tinieblas o de la oscuridad.

CAPÍTULO XVIII
EL CRUCE DE LA DISCORDIA

El anciano y el niño caminaban por el sendero cuando llegaron a una gran encrucijada.

Tres caminos se abrían ante ellos: uno ancho y luminoso, lleno de risas y voces; otro estrecho y empinado, cubierto de piedras; y un tercero, más discreto, envuelto por una penumbra serena.

Por aquí dijo el niño, señalando el camino ancho. Mira qué hermoso y despejado, el sol entra sin obstáculos y el viento sopla a favor. La gente ríe al fondo, parece feliz. Seguramente es el correcto.

El anciano, sujetado a su bastón, observó en silencio.

A veces la luz más brillante ciega los ojos. La luz no siempre significa claridad, hijo respondió con calma . Yo prefiero el camino estrecho. Enseña más, aunque duela. A veces, lo que más brilla es lo que más engaña.

El niño frunció el ceño.

¿Y por qué siempre lo difícil tiene que ser lo mejor?

No quiero sufrir para aprender. Quiero vivir con alegría. Siempre quieres hacer todo lento, como si el tiempo no importara. ¡Yo quiero vivir ahora!

No siempre lo difícil enseña dijo el anciano con una sonrisa suave, pero lo fácil casi nunca transforma. Tú siempre corres sin pensar en lo que dejas atrás. La vida no es solo velocidad.

El desacuerdo creció, y por primera vez en su largo recorrido, se dieron la espalda y decidieron separarse.

El niño tomó el camino ancho, confiado. El anciano eligió el sendero empinado, decidido. El día avanzó, y cada uno descubrió pronto su propio error:

El niño halló ruido sin alma. Pronto se halló entre voces vacías, risas falsas y un horizonte que no llevaba a ninguna parte. El anciano, en cambio, halló un sendero tan duro que sus fuerzas le fallaron antes de llegar al primer recodo, y la frustración le causó un dolor que lo embargó por completo. Solo encontró enseñanzas sin consuelo.

Algo dentro de ellos se quebraba: no podían caminar separados.

Pasaron las horas. Ambos, exhaustos, insatisfechos y confundidos, regresaron al punto de partida. Allí, bajo la sombra del mismo árbol donde antes discutieron, se reencontraron, como si nada hubiera pasado.

Tenías razón dijo el niño, con la mirada cabizbaja . El camino ancho no tenía alma, solo ruido.

Y tú también contestó el anciano . El estrecho me enseñó, sí… pero me enseñó que no toda enseñanza necesita sufrimiento. Quizá ambos estábamos equivocados.

Al encontrarse, comprendieron que su discordia no había sido tan distinta de la que resonaba en la distancia.

A lo lejos se escuchaban voces elevadas, discusiones, y un aire tenso se percibía en el ambiente. Hombres y mujeres discutían, algunos señalando hacia un lado, otros hacia el contrario. Cada quien defendía su dirección como si en ella se jugara la verdad misma. Ceder no era una opción.

Desde donde estaban, podían oír una multitud discutiendo en el valle.

Gente gritando quién tenía razón, quién poseía la verdad, quién debía guiar a los demás. El ruido era ensordecedor, como si el mundo entero se estuviera desgarrando por dentro.

Mira dijo el niño , ellos también discuten.

Sí respondió el anciano, el mundo está lleno de caminos y voces que se creen únicas. Y cada quien defiende su luz sin darse cuenta de que también proyecta su sombra.

El niño se detuvo y miró con asombro.

Maestro, ¿por qué pelean? preguntó . ¿No es el mismo camino el que todos recorremos?

El anciano apoyó su bastón en la tierra y observó en silencio.

Sí, hijo… pero muchos creen que solo su paso es el correcto. Confunden la verdad con la costumbre, la razón con el orgullo. Mira bien: todos esos caminos llevan hacia la misma montaña, pero cada uno quiere que los demás sigan el suyo.

El niño frunció el ceño.

Entonces, ¿cuál camino debemos tomar nosotros?

El anciano sonrió con calma.

El que te permita caminar en paz, sin herir a nadie. La discordia nace cuando la mente quiere imponer lo que el corazón no entiende. Quien busca tener siempre la razón, termina perdiendo la serenidad.

El niño lo pensó por un momento.

Pero maestro, ¿y si ellos están equivocados?

El anciano respondió:

La verdad no necesita ser defendida con gritos. Solo necesita ser vivida. El hombre justo no impone su camino, lo recorre con humildad, y su ejemplo convence más que mil palabras.

Mientras avanzaban, la multitud seguía discutiendo. Algunos los observaron, otros continuaron con sus disputas.

El niño se detuvo una vez más, mirando hacia atrás, y dijo:

Ellos parecen tan ocupados en tener razón que han olvidado seguir caminando.

El anciano asintió.

Así sucede con muchos, hijo. Se quedan detenidos en el cruce de la discordia, atrapados en el ruido del orgullo, sin darse cuenta de que el camino continúa solo para los que eligen la paz.

Fue entonces cuando miraron hacia la tercera senda, aquella que ni uno ni otro habían considerado: la senda oscura, que parecía poco atractiva, pero tenía un murmullo sereno, como si el viento quisiera guiarlos, y como si su murmullo pareciese hablarles.

No siempre lo más visible es lo más verdadero dijo el anciano.

Ni lo más oscuro, lo más temible añadió el niño.

Tal vez la verdad no grita susurró el anciano.

Tal vez solo se escucha cuando se camina juntos respondió el niño.

Tomaron la senda sin más discusión. Se tomaron de la mano de nuevo y avanzaron juntos, sin certezas, pero con la confianza recuperada.

A medida que avanzaban, notaron que la penumbra se transformaba en una luz suave, de esas que no ciegan, pero iluminan. Y que la oscuridad se transformaba en claridad serena, y comprendieron que el camino correcto no era el ancho ni el estrecho, sino aquel que podían recorrer en unidad. También comprendieron que el correcto no siempre se elige por la razón o la emoción, sino por la humildad de estar de acuerdo y dar espacio al prójimo.

Caminaron unos pasos más y el anciano, avanzando con esperanza, añadió con voz serena:

Recuerda esto: no todo desacuerdo es enemigo de la verdad, pero toda verdad pierde su luz y credibilidad cuando se usa para dividir. Camina siempre con la conciencia tranquila, y deja que el silencio hable donde las voces se confunden.

El niño sonrió, captando que el verdadero viajero no necesita ganar discusiones para avanzar, solo mantener limpio el corazón.

Luego el anciano puso su mano sobre el hombro del niño y le dijo:

En la unión está la fuerza. Cuando dos corazones caminan en la misma dirección, el miedo se vuelve luz, y el camino se vuelve hogar. En el camino, como en la vida, no se trata de quién tiene la razón, sino de aprender a no perderse el uno del otro.

El niño, mirando hacia el horizonte, respondió:

Entonces, maestro, aprendí que no se trata de tener razón, sino de apoyo mutuo.

Caminaron en silencio, mientras la multitud detrás se perdía en su propio ruido. Frente a ellos, la senda se abría como una promesa, simple y verdadera, donde la paz no era destino, sino forma de andar. Y así, mientras el sol rompía la niebla, siguieron su ruta, dejando atrás el murmullo de la discordia y entrando nuevamente en la quietud del camino.

CAPÍTULO XIX

LOS HÉROES ANÓNIMOS Y EL CIRINEO

¡Un aplauso para los héroes anónimos!

Todo acontecimiento significativo en la vida una victoria, una sanación, un logro es posible gracias a aquellos que, sin ser vistos, lo hacen posible.

Conocemos los nombres de quienes están al frente: los líderes, los héroes, los valientes que enfrentan la batalla. Pero pocas veces reconocemos a los que, desde la sombra, soplan el viento que impulsa las alas.

Las guerras las ganan quienes empuñan las armas, sí… pero detrás de cada guerrero hay manos que cosieron el uniforme, que forjaron el acero del arma, que prepararon el alimento para su sustento.

En los hospitales, los cirujanos salvan vidas con precisión admirable; sin embargo, su éxito depende también de los anónimos que limpian, esterilizan y preparan cada instrumento.

El mundo se sostiene gracias a ellos: a los silenciosos, a los que no buscan aplausos, pero sin los cuales nada podría seguir adelante. Son los héroes ocultos de la existencia, los cimientos invisibles del bien.

El anciano y el niño llegaron a un cruce del camino donde se alzaba un muro cubierto de nombres escritos con carbón. Algunos aún brillaban oscuros; otros, casi borrados por el tiempo.

¿Qué es este muro? preguntó el niño.

Es la memoria de los que ayudaron a otros viajeros respondió el anciano . Cada nombre fue alguien que dio una mano, una palabra o un gesto de bondad... y siguió su camino sin esperar recompensa.

El niño pasó su dedo sobre un nombre casi invisible.

¿Y por qué están olvidados?

Porque la vida sigue dijo el anciano con tristeza. La memoria del corazón, a veces, se adormece. No siempre recordamos a quienes nos tendieron la mano en el momento justo.

Guardaron silencio. Luego el anciano continuó:

Un héroe anónimo puede ser un vecino que compartió su pan, un maestro que te mostró un camino, un amigo que te escuchó cuando más lo necesitabas, un jefe que creyó en ti, o incluso un desconocido que te levantó cuando caíste. Aunque sus nombres se borren, sus actos quedan grabados en el alma.

El niño pensó unos segundos y preguntó:

Entonces, ¿cómo podemos agradecerles si ya no están, o si ni siquiera sabemos quiénes fueron?

Con gratitud respondió el anciano. La gratitud no necesita presencia. Agradecer en el corazón es honrar a todos los que nos sostuvieron sin pedir nada a cambio. Cuando agradeces desde el alma, honras a todos los que te ayudaron, incluso si no puedes darles las gracias en persona.

El anciano miró al horizonte y añadió con voz serena:

Quien es agradecido nunca camina solo, porque lleva en su memoria la fuerza de todos los héroes anónimos que lo sostuvieron.

Entonces hoy quiero agradecer por todos ellos dijo el niño, tocándose el pecho.

Hazlo, hijo dijo el anciano. Y nunca olvides que, algún día, tú también serás héroe anónimo en la vida de alguien.

El sol comenzaba a declinar, y la tarde estaba cubierta de un gris suave, cuando el anciano y el niño llegaron a un tramo empinado del camino. El cansancio se hacía sentir en cada paso, el aire parecía más denso, más pesado, y el sendero parecía más largo que nunca.

El anciano y el niño caminaban en silencio, como si el viento se hubiera llevado las palabras. El polvo se mezclaba con el cansancio, y cada paso era una batalla contra el desaliento.

El anciano, con su bastón tembloroso, avanzaba con dificultad. El niño lo miraba, preocupado, sin saber cómo aliviar su carga.

Maestro dijo el niño con voz apagada, ¿por qué el camino se hace tan difícil a veces? Hay momentos en que uno siente que no puede más. Que los pies pesan, que los sueños duelen, y que el corazón se vuelve una piedra.

El anciano respiró profundo y sonrió débilmente.

Porque así es la vida, hijo. Hay trayectos donde las fuerzas no alcanzan, y aun así, debemos continuar. Es el peso de la cruz invisible que todos cargamos. Nadie camina sin ella. Pero escucha esto: cuando el alma se agota, la vida, en su misteriosa compasión, siempre nos envía un cirineo… alguien que nos ayude a seguir cuando creemos que ya no podemos más.

El niño levantó la vista, intrigado.

¿Un cirineo? ¿Qué es eso?

Sí respondió el anciano .

Sonrió, y sus ojos se iluminaron con la ternura de quien recuerda algo sagrado.

El cirineo fue aquel hombre que ayudó a cargar una cruz que no era suya. La cruz de otro, sin buscarlo, sin quererlo, pero movido por algo mayor que él. Y en la vida también encontramos quienes nos ayudan a cargar las nuestras. Cuando más los necesitamos, cuando nuestras fuerzas se quiebran y el horizonte se nubla. No siempre se quedan mucho tiempo, a veces solo aparecen un instante, pero ese instante basta para renovar el alma.

El niño guardó silencio, meditando, mientras la brisa movía suavemente los árboles.

Maestro… ¿usted también tuvo un cirineo?

El anciano miró al horizonte y sonrió, como si viera un rostro que el tiempo había borrado.

Sí, hijo. Cuando era joven, también caminé por tierras extrañas y creí perderlo todo. Llevaba dentro de mí un huracán de sueños y temores.

Me encontré con decepciones, con puertas cerradas, con voces que no querían escucharme. Y cuando estaba a punto de rendirme, alguien me miró con compasión y me dijo:

"Camina, que todavía hay camino por andar."

El niño levantó la vista, con una chispa de esperanza.

¿Y qué pasó después?

Seguí respondió el anciano . Porque eso hace la ayuda verdadera y oportuna: no te quita la carga, pero te recuerda que aún puedes avanzar.

El niño, con el rostro encendido por la comprensión, preguntó con voz temerosa:

¿Y si un día me canso y nadie aparece?

El anciano se inclinó y le puso una mano sobre el hombro del niño.

Entonces, hijo mío, recuerda que todos estamos llamados a ser cirineos en el camino de alguien. Si no encuentras quien te ayude, sé tú quien ayude. Porque cuando levantas al otro, el peso de tu propia cruz se hace más liviano.

El sol comenzaba a asomarse entre las nubes, y el sendero volvía a tener color. El anciano respiró hondo, cerró los ojos y dijo en voz baja:

Nunca olvides esto, pequeño caminante: los cirineos no anuncian su llegada, pero siempre están. Aparecen cuando la vida se vuelve cuesta arriba, cuando el alma se cansa y el horizonte se oscurece. Son la prueba de que la bondad camina disfrazada de amigo, y que ningún corazón se redime solo.

Mientras hablaban, un joven caminante se acercó desde la distancia. Llevaba una sonrisa serena y un odre de agua. Al verlos fatigados, se detuvo.

¿Necesitan ayuda? preguntó con voz amable.

El anciano lo miró con gratitud.

El camino es largo, y la sombra es poca. Si quisieras caminar un tramo con nosotros, lo agradeceríamos.

El joven asintió.

Nadie debe andar solo cuando el día pesa sobre los hombros dijo, ofreciendo el odre al anciano.

Bebieron juntos, y el aire pareció hacerse más liviano, y el cansancio pareció desvanecerse. Durante un rato compartieron historias, risas y silencios. El anciano observaba al joven con ternura, reconociendo en él la misma fuerza que un día tuvo, la misma esperanza que aún brillaba en los ojos del niño.

Cuando el sol se escondía detrás de las montañas, el joven se detuvo.

Debo seguir otro rumbo dijo , pero gracias por dejarme acompañarlos.

El anciano lo tomó del brazo y respondió:

No lo sabes, pero hoy fuiste nuestro cirineo. La vida siempre recompensa a los que ayudan sin esperar nada a cambio.

El joven sonrió y siguió su camino.

El anciano y el niño continuaron el suyo, en silencio. Luego de un tiempo, el niño habló:

Maestro, ¿crees que volveremos a verlo?

El anciano miró el horizonte.

Quizá no, hijo. Pero hay presencias que no se despiden nunca. Quedan en nosotros, en la forma en que aprendemos a mirar y en la manera en que aprendemos a ayudar.

El niño reflexionó, comprendiendo que los verdaderos encuentros del camino no se miden en distancia, sino en el alma que dejan marcada con su huella.

El anciano, mientras retomaban el paso, añadió con voz suave:

Recuerda esto, hijo: aunque las circunstancias te endurezcan la piel, no permitas que te endurezcan el corazón. Porque el corazón tierno es el único capaz de reconocer a los cirineos que la vida pone en nuestro andar.

Los héroes anónimos y los cirineos del camino son los pilares invisibles del mundo. Ellos sostienen sin reclamar, aman sin ser vistos y nos levantan cuando el alma tropieza.

El niño asintió, y mientras retomaban el paso, una suave brisa pareció acariciarles el rostro. Era como si el mismo camino les sonriera, agradecido de verlos seguir.

CAPÍTULO XX
BAJO EL ÁRBOL DEL TIEMPO

El sendero se abría entre colinas suaves, y el viento traía consigo aromas de tierra húmeda y hojas recién nacidas.

El niño caminaba en silencio, mientras el anciano avanzaba a su lado, más lento que de costumbre, pero con la mirada encendida.

A lo lejos, sobre una pequeña loma, se alzaba un árbol solitario.

Sus ramas, extendidas como brazos de sabio, ofrecían sombra y refugio a todo aquel que buscara descanso.

El anciano señaló el árbol con la mano.

Allí dijo el camino guarda una de sus lecciones más antiguas.

Cuando llegaron, el niño se sentó bajo la copa frondosa.

El anciano permaneció de pie un momento, mirando el horizonte antes de hablar:

Este árbol ha visto pasar muchas estaciones. Ha sentido el peso de la lluvia, el abrazo del sol y el azote del viento. Pero nunca ha dejado de dar sombra. ¿Sabes por qué?

El niño negó con la cabeza.

Porque aprendió que la vida no siempre depende de lo que recibe, sino de lo que da dijo el anciano, y su voz se mezcló con el rumor del viento . La gratitud, hijo, es la raíz que sostiene al alma en tiempos de sequía. Es el más grande sentimiento de aprecio y agradecimiento, no solo por lo que se tiene, sino también por lo que se es.

El niño acarició la tierra y dijo:

Entonces este árbol debe tener raíces muy profundas.

Tan profundas como la esperanza respondió el anciano . Quien agradece no se hunde, se afirma. Aun cuando el cielo parece cerrado, el agradecido ve un resquicio por donde entra la luz.

Ambos permanecieron en silencio.

El sol, filtrándose entre las ramas, dejaba destellos dorados que parecían dormirse sobre la hierba.

El anciano continuó:

Pero hay algo más que fortalece las raíces: el perdón. Sin él, el alma se seca por dentro, aunque las hojas aún parezcan verdes.

El niño frunció el ceño.

¿Y cómo se aprende a perdonar?

El anciano suspiró.

Perdonar no es olvidar, ni justificar. Es dejar de cargar aquello que no se puede cambiar. Es abrir las manos para que el dolor deje de ser tu dueño.

Guardó silencio unos segundos y añadió:

A veces creemos que perdonamos a otros, pero en verdad nos liberamos a nosotros mismos.

El viento sopló con fuerza, y algunas hojas se desprendieron del árbol, girando en el aire como pequeñas almas en libertad.

El niño las observó caer y dijo:

Quizás el árbol también se perdona cuando deja caer sus hojas.

El anciano sonrió.

Exactamente. La sabiduría del tiempo está en entender que todo lo que cae, lo hace para dar lugar a lo nuevo. Si una semilla de trigo no cae en tierra y muere, queda sola; pero si lo hace, da mucho fruto.

Se sentaron juntos bajo el tronco.

El anciano apoyó la espalda y cerró los ojos.

El tiempo no solo envejece murmuró . También enseña. Es un maestro silencioso que nos moldea sin palabras.

El niño lo escuchaba con atención.

¿Y cómo sabemos que hemos aprendido lo suficiente?

Cuando dejamos de mirar atrás con rabia respondió el anciano y empezamos a mirar adelante con amor.

El silencio se extendió, sereno.

En la distancia, el sol descendía lentamente, tiñendo el cielo de tonos ámbar y violeta.

El anciano tomó una ramita caída y trazó un círculo en la tierra.

Todo lo que das regresa, hijo. A veces en forma de sonrisa, a veces en paz, a veces en comprensión.

Levantó la vista y añadió:

El amor es la savia que une todo. Sin amor, el perdón se marchita, la gratitud se olvida y la sabiduría se vuelve orgullo. Es la clorofila que da el color verde al árbol de la vida.

El niño lo miró con ternura.

Entonces el amor sostiene el árbol…

Y sostiene al caminante dijo el anciano con voz suave. El amor es lo único que trasciende el tiempo, lo único que puede cruzar los puentes invisibles entre la vida y la eternidad.

El viento se calmó.

El árbol permanecía en pie, firme, majestuoso, como si escuchara la conversación. El anciano apoyó la mano sobre el tronco y murmuró:

Este árbol eres tú, niño. Eres todas sus ramas, todas sus caídas y todas sus flores. Cada herida será cicatriz que te dé fuerza, cada lágrima será raíz que te ancle más profundo.

El niño cerró los ojos y apoyó su cabeza contra el tronco. Sintió un pulso leve, como si el árbol respirara.

Y en ese instante comprendió que la vida también tiene voz cuando calla.

El anciano se levantó despacio y dijo:

Ven. Aún queda camino por andar, pero ahora ya sabes cómo mantenerte en pie.

Ambos emprendieron la marcha.

El árbol quedó atrás, pero su sombra los siguió, invisible, acompañando sus pasos como un recuerdo que ilumina.

CAPÍTULO XXI
EL DIA QUE EL ANCIANO TROPEZÓ

El sol apenas se asomaba entre los riscos, derramando una luz pálida sobre el sendero empedrado, que amanecía cubierto de rocío. El niño caminaba ligero, como si sus pasos fueran alas. El anciano caminaba con paso más corto de lo habitual, apoyándose en su bastón, que parecía sostener no solo su cuerpo, sino también el peso de los años y los recuerdos que cargaba.

Se detuvo de repente en medio del sendero. Sus pies arrastraban polvo, su respiración era pesada y sus manos temblaban al apoyarse en su báculo. El niño lo observaba con atención, sin atreverse a preguntar. Había algo distinto en el aire: una mezcla de cansancio y resignación, pero también de una calma extraña, como la que antecede a una despedida.

De repente, el anciano tropezó con un pedazo de leña oculta entre la hierba. El niño, que jugaba con una rama, lo vio caer de rodillas, y corrió a ayudarlo, asustado.

¡Abuelo! gritó con voz temblorosa . ¿Estás bien?

El anciano no respondió de inmediato. Respiraba con dificultad, como si el aire ya no le alcanzara tan fácilmente. Entonces, sonrió débilmente, mientras se incorporaba lentamente, reflejando en sus ojos el brillo de la aceptación de los inviernos. Su bastón, que antes era símbolo de sabiduría, ahora era una necesidad real.

Sí, hijo… solo tropecé dijo entre pausas . Pero en la vida, los tropiezos no siempre son señales de debilidad. A veces, son recordatorios de que seguimos caminando.

Al cabo de unos instantes, el anciano volvió a mostrar señales de debilidad, a lo que el niño, corriendo a su lado, preguntó:

¿Maestro, estás herido?, ¿estás cansado?, ¿por qué caminas tan despacio hoy?

Es mi cuerpo, pequeño… dijo firmemente . Ha comenzado a cansarse de vivir. El cuerpo ya no me responde como antes. Antes subía montañas como si fueran colinas; ahora, hasta una hoja me hace tropezar. El cuerpo, hijo, es como un árbol en otoño:

las ramas aún se alzan, pero las hojas caen una a una. Y cuando el tronco envejece, hasta el viento más suave lo hace crujir.

Se sentaron a la sombra de una palmera. El anciano acarició la corteza áspera del árbol y continuó:

Así como el cuerpo enferma y se fatiga, también la mente puede marchitarse. Hay quienes tienen piernas fuertes, pero pensamientos quebrados… Y hay quienes, aunque frágiles de huesos, sostienen el mundo con la fortaleza de su mente.

El niño, con los ojos muy abiertos, preguntó:

¿Entonces debo cuidar mi mente como cuido mis manos o mis pies?

El anciano asintió, con voz casi susurrada:

Sí. Porque el cuerpo es tierra y regresará a la tierra… pero la mente es río: si la envenenas, todo tu viaje se volverá amargo; si la mantienes clara, beberán de ti todos los que caminen a tu lado, y los que esperan más adelante.

Un silencio profundo envolvió el bosque. El niño, conmovido, se levantó y tomó el bastón del anciano para ayudarlo a seguir. Tratando de comprender que no hay sabiduría más grande que cuidar el río interior, porque cuando el cuerpo flaquea, solo la mente puede seguir iluminando el camino.

Mientras continuaban, el niño guardó silencio, sin comprender del todo. Y el anciano continuó:

Hace tiempo que siento cómo el cuerpo me avisa. A veces tose el pecho, y cuando el cuerpo tose, el alma tiembla… no por miedo, sino porque sabe que se aproxima el cambio. El camino no nos pertenece; solo lo transitamos. Y llega un punto en que el cuerpo pide reposo, pero el espíritu quiere seguir.

El niño lo miró con asombro, y luego de volver a notar su fatiga, lo ayudó a sentarse de nuevo bajo un árbol, y preguntó:

¿Eso pasa? ¿Aunque uno quiera seguir caminando?

Allí, en el silencio del bosque, el anciano habló con calma.

Sí… aunque el corazón aún tenga historias por contar, el cuerpo a veces decide descansar primero. El cuerpo es como un río… un día fluye con fuerza, otro día se vuelve más lento. No es solo la edad:

también la forma en que lo cuidamos. Pero escucha bien: como ya te dije, lo mismo sucede con la mente.

El niño lo miró, ahora más curioso que nunca, y preguntó:

¿La mente también puede enfermarse?

Claro respondió el anciano . Si la llenamos de enojos, miedos o tristezas, se vuelve débil, como un árbol que se pudre por dentro. Si en cambio la alimentamos con gratitud, esperanza y paciencia, se mantiene fuerte, aunque el cuerpo empiece a fallar.

El niño guardó esas palabras como un tesoro. Y mientras ayudaba al anciano a levantarse de nuevo, comprendió que la salud no era solo caminar sin cansancio, sino también pensar y sentir con claridad.

Ese día el niño aprendió que algún día, incluso su cuerpo fallaría; pero si cuidaba su mente, su espíritu seguiría caminando más allá de cualquier límite.

Durante días, el anciano ya no lideró el camino. Fue el niño quien buscaba leña, quien preparaba la comida, quien narraba cuentos en la noche para hacerlo sonreír.

Una noche, mientras el anciano dormitaba, el niño le habló en voz baja al fuego:

¿Y si también se enferma la mente? ¿Y si un día olvido quién soy, o por qué estoy caminando?

El anciano abrió un ojo y dijo con voz ronca:

Por eso, pequeño, hay que cuidar la mente como se cuida un jardín, como se cuida la niña de los ojos. Leer, pensar, hablar con el corazón, sentir gratitud… todo eso es abono. Si dejas de hacerlo, la maleza del olvido y la tristeza puede crecer.

El niño asintió, pensativo.

Días después, mientras el anciano descansaba bajo un árbol, el niño se sentó a su lado y comenzó a contarle una historia inventada. Era absurda y graciosa. El anciano se rió, y esa risa lo rejuveneció por un instante.

¿Ves? dijo el niño con orgullo . Estoy cuidando tu jardín.

Y el tuyo también, pequeño susurró el anciano.

Y así, aunque el cuerpo del anciano seguía debilitándose, algo en su mirada se hizo más fuerte: sabía que había sembrado en el niño no solo sabiduría, sino también compasión. Se puso de pie por un momento, mirando hacia el horizonte, y dijo:

La vida es como este sendero: mientras más se avanza, más cerca se está del ocaso. No lo digo con tristeza, sino con gratitud. Porque cada paso deja su marca, y cuando el cuerpo no pueda seguir, serán esas huellas las que guíen tus pasos.

El niño bajó la mirada, intentando disimular el nudo que le apretaba la garganta.

¿Por qué me dice eso, abuelo?

Porque el tiempo es un maestro silencioso respondió el anciano . Y tú debes estar preparado para cuando ya no pueda enseñarte con palabras. Hay cosas que tendrás que aprender solo, con los pies descalzos sobre las piedras del camino.

Una tos seca interrumpió sus palabras. El viejo cubrió su boca con la mano y, al hacerlo, sus ojos se humedecieron sin querer. El niño se apresuró a sostenerle el brazo.

Descanse, abuelo, descanse un poco.

El anciano sonrió, agradecido.

Descansaré, hijo. Pero prométeme algo: no te detengas cuando el camino se torne oscuro. Recuerda que la oscuridad solo existe para que aprendamos a encender nuestra propia luz.

Volvieron y se sentaron a la sombra de un árbol. El anciano cerró los ojos por un momento, respirando con dificultad.

El cuerpo se apaga murmuró , pero el alma no se cansa. A veces siento que mi alma camina más rápido que mis pies.

El niño lo miraba con miedo, como si presintiera que aquella conversación escondía una despedida disfrazada de consejo.

¿Va a morir, abuelo? preguntó con inocencia.

El anciano abrió los ojos, con ternura infinita.

Todos morimos, pequeño… pero no todos aprendemos a vivir antes de hacerlo. Yo solo me estoy preparando para el siguiente tramo del sendero. Tú seguirás adelante, y cuando te canses, recuerda que en algún rincón del viento irá mi voz susurrándote el rumbo.

El silencio los envolvió. Solo se escuchaba el canto de un ave lejana y el soplo del aire rozando las ramas.

El cuerpo tiene límites continuó el anciano , pero el alma… el alma es infinita. Por eso, aunque un día mi cuerpo no camine a tu lado, mi espíritu seguirá acompañándote.

El niño tomó su mano, apretándola con fuerza.

No quiero seguir sin usted susurró.

El anciano acarició su cabeza y respondió:

No se trata de seguir sin mí… se trata de seguir conmigo, pero dentro de ti.

Permanecieron un rato en silencio. El anciano miró el fuego que habían encendido la noche anterior, ya casi extinguido, y agregó:

El fuego también tose antes de apagarse. Parpadea, chispea… pero antes de morir deja su último resplandor. Eso es lo que soy ahora, hijo: una chispa final. Pero quiero que mi luz te sirva para encender la tuya.

Levantó la vista hacia el cielo y, con voz más débil pero firme, dijo:

A veces me pregunto si el camino se acaba, o si solo cambia de forma. Quizás, cuando me toque partir, simplemente me convierta en parte del viento que sopla entre los árboles, que roza tu pelo, o en el eco que guía tus pasos.

El niño lo abrazó sin decir palabra.

El anciano correspondió el gesto, sabiendo que no había consuelo para una despedida anticipada, pero sí la esperanza de una continuidad invisible.

Al retomar la marcha, el anciano caminaba más lento que nunca, pero su mirada brillaba con una paz profunda.

 Algún día dijo entenderás que el amor verdadero no se mide en tiempo compartido, sino en huellas que perduran.

El niño lo escuchó en silencio, y sin saberlo, empezó a memorizar cada palabra, cada gesto, cada paso… porque algo en su interior le decía que, cuando el cuerpo del anciano no pudiera seguir, el alma del niño tendría que continuar caminando por los dos.

CAPÍTULO XXII
LA MARIPOSA

En el mutismo de la prima noche y en el eco de su intimidad, decidieron descansar. El aire tenía un perfume dulce, mezclado entre tierra húmeda y flores silvestres. Junto al calor de una hoguera que a puro dolor habían sido capaces de encender, sus cuerpos sudorosos y sus secas gargantas pedían con ansias un sorbo de quietud.

El anciano era incansable y el niño indomable. Eran dos seres cóncavos y convexos, como si fueran el complemento ideal el uno para el otro. La fuerza y el vigor del mozalbete, combinados con la artería y experiencia del avezado hombre, los hacían casi el dúo perfecto.

Mientras el sol casi desaparecía por completo, el silencio se volvió su compañía más fiel hasta que, de pronto, una mariposa de belleza y colores indescriptibles apareció frente a ellos.

Mira, abuelo dijo el niño, con ojos iluminados , ¡una mariposa nos está mostrando el camino!

El anciano levantó la vista y la siguió con atención.

No toda señal que vuela lleva dirección respondió con voz pausada . Pero a veces, lo más frágil es lo que más enseña.

La mariposa revoloteó sobre el sendero y, como si comprendiera su importancia, se adelantó unos metros y se posó sobre una roca. Cuando el niño dio un paso hacia ella, esta volvió a elevarse, avanzando un poco más. Era como si les indicara que debían seguirla.

¿Por qué vuela así, abuelo? preguntó el niño.

Porque la vida respondió el anciano no se vive en línea recta. A veces hay que detenerse, otras veces avanzar, y otras volar sin rumbo aparente. Pero lo importante es no dejar de moverse.

Su presencia fue tan inesperada como sublime. Se posó delante de ambos como una especie de guía. Volaba a un ritmo cadencioso y al compás de sus pasos. Su vuelo parecía guiado, como si los invitara a seguirla. Intrigados, decidieron acompañarla.

El sendero se tornaba cada vez más estrecho y la luz del sol, cada vez más débil. La mariposa, sin embargo, seguía allí, flotando entre la bruma. El anciano se detuvo un instante, miró al horizonte y dijo en voz baja:

Cuando una mariposa aparece en el camino, es señal de transformación. Algo está por cambiar.

El niño lo miró, curioso.

¿Cambiar para bien o para mal?

El anciano sonrió con ternura.

Depende de lo que llevemos dentro. La mariposa no cambia el camino, cambia al caminante.

La mariposa avanzaba unos metros y luego se detenía, como asegurándose de que ellos no la perdieran de vista. Cada vez que ellos pausaban su andar, ella también se detenía, esperándolos con paciencia. Era como si entendiera el cansancio de los viajeros y respetara el ritmo de sus almas.

Ambos levantaron la mirada al mismo tiempo y, por primera vez, de manera coordinada, pudieron ver lo mismo en el camino.

Al lado izquierdo, había una especie de cuadro indescifrable y de color negrusco, como una mancha oscura, alargada, en el aire, que no dejaba ver más allá, y que se movía al ritmo de las pisadas del anciano. Aquella sombra se extendía con el peso de sus años y los últimos días de su vida, representando la cercanía del final de su viaje.

En contraste, al lado derecho, donde caminaba el niño, se veía la misma marca, pero de color blancuzco y de naturaleza opuesta: suave, luminosa, como una risa extendida sobre la tierra. Era la promesa de toda una vida por delante. Un lienzo en blanco listo para ser investido con la pintura del más refinado artista. Dos destinos, dos tiempos distintos caminando uno al lado del otro.

En el mismo centro de ambas señales, y justo en el corazón del sendero, se dibujaba una franja gris. Dividía y a la vez unía ambas sombras. Era el equilibrio perfecto entre la experiencia que se apaga y la inocencia que florece, entre lo que se despide y lo que comienza. El anciano y el niño comprendieron que ellos eran ese punto de unión: el vínculo entre el ayer y el mañana, entre el ocaso y el amanecer.

La mariposa revoloteaba sobre ellos, escribiendo con su vuelo invisible la frase que los antiguos filósofos habían repetido con sabiduría:

"Carpe Diem".

Les recordaba que el destino no se elige corriendo ni huyendo, sino caminando con equilibrio, un día a la vez, saboreando cada pisada del camino.

Estas dos sombras representaban más que su mera proyección sobre el suelo; eran el hálito de vida en cada uno. El pasadizo gris era el balance de sus existencias, el punto medio donde la razón del anciano se encontraba con la inocencia del niño, y donde el espíritu encontraba sentido en medio de ambos.

En aquel instante, ***el mito de la caverna de Platón*** resonó en sus conciencias. Ambos comprendieron que lo visible no siempre revela la verdad, y que lo invisible, en cambio, puede ser la luz más pura que guía el alma.

Mientras seguían avanzando, la mariposa, ligera como un suspiro, se detuvo una última vez sobre una piedra al borde del camino. Sus alas brillaron con los últimos rayos del sol. Se elevó suavemente sobre una colina y, luego, en un vuelo lento y ascendente, desapareció entre las nubes teñidas de naranja y púrpura.

El anciano se detuvo y cerró los ojos.

El niño, asombrado, preguntó:

¿Por qué se fue, abuelo?

El anciano lo miró con ternura y respondió:

Porque ya cumplió su propósito. Las señales no se quedan, hijo, solo aparecen para mostrarnos el camino.

El niño bajó la mirada, y en su silencio se escondía una mezcla de tristeza y comprensión. El anciano continuó:

A veces, la vida nos envía una mariposa cuando más la necesitamos, no para cambiar el destino, sino para recordarnos que hay belleza aun en los finales y esperanza en los comienzos.

Ambos guardaron silencio. El viento soplaba suave entre los árboles, acariciando el fuego moribundo.

El anciano apoyó su mano sobre el hombro del niño y añadió:

Cada uno de nosotros tiene su propia mariposa. Puede ser un recuerdo, una persona, un momento, una idea o un sueño… algo que nos impulsa a seguir cuando sentimos que ya no podemos más.

Y así, bajo el cielo donde la luna era testigo y el firmamento su refugio, los dos siguieron caminando.

La sombra del anciano se confundía con la penumbra de la noche, mientras la luz del niño se mezclaba con los primeros reflejos del amanecer.

El camino, silencioso y eterno, guardó para sí aquel instante sagrado en que la vida, la muerte y la esperanza se encontraron en un solo vuelo de mariposa.

En el horizonte, la mariposa, invisible ya para los ojos, seguía volando sobre ellos en el reino de lo eterno.

Porque el vuelo de una mariposa no termina cuando deja de verse… solo comienza a sentirse en el corazón de quien sigue su camino.

CAPÍTULO XXIII
LA REVELACIÓN

El sol se retiraba lentamente, como si no quisiera dejar solos al anciano y al niño. Las sombras se alargaban sobre el sendero, y el canto de las aves daba paso al concierto tenue de los grillos.

Era la primera vez, desde que emprendieron el viaje, que los envolvía la verdadera oscuridad. El día había sido su aliado; la noche, hasta entonces, un misterio no enfrentado.

El anciano, con la mirada fija en el horizonte que se desvanecía, habló con voz pausada:

El camino no solo se recorre bajo la luz. También hay que aprender a caminar en la penumbra… porque la vida no siempre se deja ver con claridad.

Encendieron una hoguera con ramas secas y paciencia. El fuego crepitó tímido al principio, como si también temiera a la noche.

El niño, con la inocencia brillándole en los ojos, preguntó:

¿Y si la oscuridad se mete dentro de nosotros?

El anciano sonrió.

Entonces encendemos otra hoguera, pero dentro del alma.

Esa noche no avanzaron. Se quedaron cerca del fuego, escuchando el rumor del viento que soplaba entre los árboles como un viejo cantor, y aun hablando, entre otras cosas, de aquella inolvidable mariposa.

El anciano sabía que el cuerpo no siempre soporta lo que el espíritu desea. Sus manos temblaban ligeramente, y su respiración se hacía más profunda, más medida.

El niño, sin saberlo, comenzó a velar el sueño del anciano. Cubrió sus hombros con la manta que compartían y observó cómo el fuego iluminaba su cuerpo apaleado por los años, y su rostro curtido y surcado por la vida.

¿Por qué el cielo se ve tan grande cuando oscurece? preguntó el niño.

Porque de noche respondió el anciano uno recuerda lo pequeño que es, y lo grande que puede llegar a ser.

Poco a poco, el anciano cerró los ojos. El niño lo imitó.

Ambos se dejaron arrullar por el silencio, por ese tipo de paz que solo el cansancio verdadero concede. La noche los abrazó sin miedo. La luna los cubrió como una madre que no duerme, como una gallina junta sus polluelos debajo de sus alas, y el fuego, aunque menguante, resistió lo suficiente para recordarles que incluso la llama más débil puede vencer a la oscuridad.

Antes de dormirse, el anciano murmuró en voz baja, casi para sí:

No temas a la noche, niño… ella también forma parte del camino.

Y en ese instante, el niño entendió que la oscuridad no era ausencia de luz, sino el espacio donde el alma aprendía a verse a sí misma.

Cuando despertaron, el fuego era solo un rastro de ceniza tibia.

El aire fresco del amanecer trajo consigo el murmullo de un río cercano.

El anciano se levantó lentamente, apoyándose en su bastón, mientras el niño estiraba los brazos con la energía de quien siente que algo está por suceder.

Caminaron sin hablar.

Solo se oía el rumor del agua, como una voz que los llamaba desde dentro. La noche había quedado atrás, pero su enseñanza los acompañaba: sin oscuridad no hay claridad, sin silencio no hay revelación; y que cuando la noche está más oscura, es porque el amanecer está más cerca.

El alba los había sorprendido caminando junto a la ribera de un río cristalino. La neblina danzaba sobre el agua, y el canto de las aves se mezclaba con el murmullo sereno de la corriente.

La alborada se desplegaba sobre el horizonte, tiñendo el cielo con tonos de cobre y esperanza. El anciano y el niño avanzaban en silencio, siguiendo el cauce del río que bailoteaba entre los árboles como una vena luminosa. El aire olía a tierra húmeda y a comienzo. Era un día distinto, aunque ninguno de los dos lo dijo.

Hoy el camino está más callado susurró el niño.

Es que a veces el silencio trae respuestas respondió el anciano, con voz suave, como si temiera despertar algo dormido en el aire.

El río los condujo hasta una curva donde las piedras tenían la fortuna de formar un altar natural.

La mariposa regresó, volando delante de ellos otra vez, como un hilo de luz que unía su historia. El anciano miraba cómo su sombra negra se hacía más pesada, mientras la sombra blanca del niño brillaba más intensamente. Ambos sabían, sin decirlo, que el final estaba cerca.

El anciano se detuvo y, por primera vez en mucho tiempo, se notó un temblor en sus manos. No de miedo, sino de una verdad que estaba a punto de revelarse.

Al llegar más cerca del agua, el anciano se inclinó para beber, mientras el niño lanzaba una piedra plana al agua, con todas sus fuerzas, tratando de que rebotara varias veces antes de hundirse. La roca tocó el agua cinco veces, logrando un increíble epostracismo. Cinco ecos… como las cinco etapas del alma que habían cruzado juntos.

El agua era clara, casi transparente, y reflejaba el cielo con una perfección que dolía.

Descansa un poco, muchacho dijo el anciano con voz pausada . El cuerpo también necesita aprender a escuchar el silencio.

El niño obedeció, se sentó sobre una roca y observó cómo el agua se deslizaba con calma. Había algo hipnótico en aquel fluir constante. Se inclinó para beber y, en ese instante, algo lo estremeció: el reflejo del agua no le devolvía su propio rostro.

Lo que veía era la imagen del anciano.

¿Qué… qué es esto? balbuceó, retrocediendo asustado.

El viejo sonrió con ternura, sin sorpresa.

Lo que ves no siempre es lo que parece. A veces el camino nos muestra lo que aún no entendemos.

El niño volvió a mirar, y esta vez, el reflejo se movía con el vaivén del agua: su propio rostro se mezclaba con el del anciano, fundiéndose poco a poco, como si fueran una misma figura que respiraba entre el pasado y el futuro.

Retrocedió un paso, confundido, mientras el corazón le latía como un tambor en el pecho y resonaba en los oídos del anciano.

No puede ser susurró.

El anciano lo acarició con la mirada, sabiendo que ese momento había de llegar.

Todo en el camino tiene su reflejo, muchacho. Lo que ves no es un error… es la verdad que el agua no sabe mentir.

El niño volvió a mirar, esta vez con más calma.

El reflejo oscilaba con las ondas del río: tan pronto era su cara, tan pronto la del anciano, como si ambas compartieran un mismo aliento.

El anciano lo observó en silencio. Luego, con una mirada llena de ternura y verdad, dijo:

No temas, hijo del destino. El agua solo muestra lo que ya eres, aunque aún no lo comprendas.

El niño lo miró sin entender.

El anciano continuó, mirando el fluir constante del río:

Has visto muchas cosas desde que comenzamos a andar. Recuerdas a la mujer del camino, aquella que buscaba amor en un rostro que no la veía… Ella te enseñó que no se puede seguir avanzando con el corazón encadenado.

Recuerdas el mapa, ese que nunca marcaba destino, solo dirección… porque el propósito no está al final, sino en cada paso.

Y el agujero mágico, donde lo que se perdía no desaparecía, sino que cambiaba de forma.

La verdad que se vende, el mercado donde la conciencia tenía precio, los castillos en el aire que construiste sin cimientos…

Todo eso eras tú, buscándote a ti mismo en cada reflejo.

El niño lo escuchaba, sin poder apartar la vista del agua. Su reflejo comenzaba a mezclarse con el del anciano, moviéndose con las ondas como si ambos fueran uno solo, atrapados entre el tiempo y la eternidad.

¿Y los héroes anónimos? preguntó el niño, con voz temblorosa.

El anciano sonrió.

Fueron las manos que te sostuvieron sin que las vieras. El Cirineo que te ayudó a cargar el peso cuando ya no podías seguir. Todos ellos forman parte del mismo espíritu que nos guía, aunque sus nombres se pierdan en el viento.

El viento sopló, como si respondiera a sus palabras, y el bosque se estremeció. El anciano levantó la vista y continuó con tono más profundo:

El valle de los huesos secos te mostró que aún lo muerto puede volver a vivir si se le infunde fe.

La torre que vigila los pasos te enseñó que la conciencia siempre observa, incluso cuando crees estar solo.

Y el paralelismo del camino y la vida… te reveló que lo que pisas afuera es solo el reflejo de lo que construyes dentro.

El niño lo miraba, boquiabierto. El anciano se metió un poco más al río, y por un instante, su figura pareció disolverse en el reflejo.

Yo he caminado por todos esos lugares dijo , pero no los recorrí contigo por primera vez. Ya los había vivido antes. Y cada vez que los viví, volví a aprender lo mismo: que el alma no muere, solo se repite hasta recordar quién es.

El niño sintió un estremecimiento.

Entonces… ¿usted sabía que todo esto pasaría?

El anciano asintió lentamente.

Porque ya lo había vivido. Porque tú y yo somos el mismo viajero en distintos amaneceres del tiempo. Tú eres mi principio, y yo soy tu final.

El camino nos reunió para que el círculo se cerrara.

El niño abrió los ojos de par en par, confundido, tratando de encontrar una lógica.

Pero… si somos los mismos, ¿cómo podemos caminar juntos?

El camino tiene sus misterios respondió el anciano . A veces la vida nos permite vernos reflejados en nuestras propias etapas para que entendamos quiénes somos realmente. El tiempo no solo avanza, también se repliega sobre sí mismo, como un río que vuelve a su fuente.

El anciano continuó:

Cada paso que das, yo ya lo di. Cada error que cometas, lo he cometido. Pero cada verdad que descubras, será nueva también para mí. Porque el alma no envejece; solo se transforma.

El niño intentó hablar, pero las palabras no salieron. La revelación lo sobrecogía. Todo lo que habían vivido las montañas, la mariposa, las noches de reflexión junto al fuego cobraba un nuevo sentido.

El tiempo no siempre es una línea recta continuó el viejo . A veces se dobla sobre sí mismo para que el alma pueda encontrarse cara a cara con su verdad. Yo también fui un niño que buscaba respuestas. Caminé, tropecé y aprendí… hasta que un día me encontré contigo.

Hubo un largo silencio. Solo el murmullo del río llenaba el aire, como si el agua también comprendiera el misterio.

El niño miró de nuevo su reflejo: ya no veía ni al anciano ni a sí mismo, sino una sola figura, serena y luminosa.

El anciano le habló con voz baja, pero firme:

 Cuando llegue el momento, la mariposa regresará otra vez. Ella sabe el sendero que lleva al puente. Allí los pasos se disuelven, y solo el alma continúa.

Pero no temas… aún no es el momento. Todavía hay luz por andar, y caminos por entender. Llegará un momento en que el maestro debe quedarse atrás para que el discípulo camine solo dijo al fin . Pero aún no es ese día. Todavía tengo cosas que enseñarte, y tú, cosas que descubrir.

El niño quiso preguntar más, pero no pudo.

El río, el viento y el silencio lo envolvieron todo.

Ambos permanecieron quietos, contemplando el fluir del agua, sabiendo que algo había cambiado para siempre.

El anciano se levantó, miró al horizonte y dijo:

Sigamos, hijo del camino. La verdad no termina en la orilla… se extiende más allá del puente.

Y comenzaron a andar.

El niño a su lado, y la mariposa aquella que parecía olvidada apareció de nuevo, volando delante de ellos, guiándolos hacia el resplandor que aguardaba más adelante.

No hablaban, porque ya no hacía falta.

El río seguía su curso, reflejando dos sombras que el tiempo, poco a poco, uniría en una sola. Y mientras el sol se alzaba sobre el horizonte, ambos retomaron el sendero.

No era el final del camino, sino el principio de una nueva conciencia. El camino no termina en la última colina ni en el horizonte que se pierde a la vista. El camino sigue dentro de cada ser, en cada paso que damos, en cada duda yen cada fe que nos sostiene.

El niño y el anciano no eran dos viajeros distintos, sino el reflejo de lo que todos llevamos dentro: la inocencia que nos impulsa a soñar y la experiencia que nos invita a recordar.

Y en medio de ambas voces, el verdadero caminante aprende que vivir es unir lo que parece opuesto, reconciliar lo que creíamos dividido, enmendar lo que parece roto, y avanzar con el corazón entero. No hay meta que valga si el alma se queda atrás. No hay abismo demasiado profundo ni túnel demasiado oscuro cuando se camina con propósito.

Así, la enseñanza del camino es simple y eterna: somos muchos en uno, pero podemos caminar como uno solo. Y mientras los pasos continúen, el horizonte siempre ofrecerá nuevas sendas, nuevas luces, nuevas lecciones. Porque el camino, en verdad, nunca termina.

El camino… eres tú.

CAPÍTULO XXIV
EL PUENTE

El amanecer los recibió con un silencio peculiar, y el sendero se abría hacia un horizonte distinto, más luminoso, más callado, como si el mundo contuviera el aliento.

El niño y el anciano caminaban bajo una bruma leve que se deslizaba sobre la hierba, marcando con luz dorada las huellas de sus pasos. Avanzaban entre colinas suaves cubiertas de flores que parecían respirarlo todo.

Habían recorrido tanto... y, sin embargo, esa mañana se sentía como el inicio de algo más grande.

El aire olía a eternidad. No había sol ni sombra, solo una claridad que no provenía de ningún lugar, pero que lo iluminaba todo.

Caminaron largo rato sin hablar, sintiendo cómo cada paso se hacía más leve, como si el peso de los años y las dudas quedaran atrás con el terregal del camino.

La mariposa volaba delante de ellos, moviéndose entre los pétalos como un destello de memoria viva, guiándolos hacia un resplandor que crecía con cada paso.

El paisaje cambió lentamente. Y el sendero comenzó a abrirse hacia un valle que parecía suspendido entre el cielo y la tierra.

Las flores se tornaron más altas, casi transparentes, como si la luz brotara desde su interior y como si se tomaran de la mano. Y entonces, frente a ellos, se levantó un jardín inmenso, un valle de colores imposibles donde el silencio tenía voz y el aire parecía hecho de suspiros antiguos.

En el centro del jardín se alzaba, en forma de arco, un espectro de luz. Era parecido al que habían cruzado al comienzo de su viaje, pero ahora irradiaba una belleza más profunda, como si todo lo vivido los hubiera preparado para comprender su verdadero significado.

El anciano detuvo sus pasos. Su mirada, serena y cansada, se llenó de una paz que el niño no había visto jamás. Y sus ojos, agotados pero luminosos, reconocieron el fin del trayecto.

El jardín los llevó a un gran puente envuelto en niebla, suspendido sobre lo desconocido. El anciano se detuvo, mirándolo con cierta duda, pero también con serenidad. Por un instante pensó que no estaba seguro de dónde lo llevaría, pero comprendió que cuando se vive una vida limpia, sin dañar a los demás, con un alma tranquila y una relación apacible con el mundo, el descanso eterno se vuelve claro como el agua. Sonrió, consciente de que uno muere como vive, y que el puente solo refleja aquello que fue sembrado en el corazón.

Hemos llegado al umbral, muchacho dijo en voz baja. El camino no termina… solo cambia de forma.

El niño contempló el arcoíris de luz, maravillado.

¿Qué hay del otro lado? preguntó.

El anciano sonrió con ternura.

Algunos lo llaman descanso, otros lo llaman regreso, y otros lo llaman eternidad. Pero en verdad, es el principio de todo lo que nunca acaba.

Frente al arco, el suelo era de cristal, y bajo él se reflejaban infinitas imágenes: rostros, lugares, momentos del viaje, e incluso voces.

Allí estaban la mujer del camino, con su mirada esperanzada; el Cirineo, sosteniendo su carga invisible; los héroes anónimos, sonriendo entre la multitud; la mariposa, danzando sobre el viento; y los ecos de la memoria, que susurraban fragmentos de lo vivido.

Cada historia que habían cruzado, cada alma, cada enseñanza… los esperaba al otro lado.

El niño dio un paso adelante, pero el anciano lo detuvo.

 Aún no, hijo del destino.

Cada uno cruza el puente cuando la llave está completa.

¿La llave? preguntó el niño.

 Sí respondió el anciano . No está hecha de metal, sino de actos. La llave se forja con lo que somos: nuestros procederes, nuestras obras, nuestra fe, nuestros amores, nuestras caídas, nuestras heridas… y la forma en que elegimos sanar. Todo eso es parte de la llave que abre esta puerta.

Solo quien ha amado sin medida y aprendido sin miedo puede abrir el arco de la eternidad.

El niño guardó silencio.

Miró sus manos, luego las del anciano, y comprendió que ambas eran la misma historia escrita en distintas edades.

¿Y si alguien llega sin llave? preguntó el niño, con un temblor en la voz.

El anciano lo miró con ternura y habló despacio:

Entonces el jardín lo invita a volver.

No como castigo, sino como una segunda oportunidad.

Nadie es rechazado aquí. Solo que algunos deben seguir aprendiendo a amar antes de cruzar.

Entonces… ¿usted ya tiene su llave, abuelo?

El anciano sonrió, sin responder.

Una lágrima, leve y transparente, se deslizó por su mejilla.

Quizás dijo , pero lo importante no es cruzar primero… sino haber caminado juntos hasta aquí.

Y añadió con voz temblorosa:

Ojalá, hijo, que cuando llegues al otro lado del puente, hayas vivido lo suficiente. Ojalá que el amor te sostenga por completo. Y que cuando te dejen entrar, lo hagas ligero, sin culpas, sin miedo, sin equipaje. Que cuando tú llegues, te dejen entrar con todo lo que fuiste.

Con tus dudas, tus errores, tus sueños y tu fe. Porque todo eso también es amor, y el amor abre todas las puertas.

El niño sintió que el corazón se le apretaba.

El anciano lo abrazó, con una dulzura que parecía infinita.

 Mira, hijo susurró . La mariposa te mostrará el camino cuando llegue tu hora. Yo solo llegué hasta donde me correspondía.

Lo importante no es llegar… es conquistar el camino.

Entonces el viento sopló desde el jardín y, por un instante, todo se llenó de luz.

El niño vio figuras entre las flores: eran los que se habían ido, aquellos que alguna vez amaron y fueron amados.

Sus rostros no mostraban tristeza, sino bienvenida. El anciano los observó con gratitud.

 Ellos cruzaron antes dijo . Nos esperan al otro lado. Cada uno llegará cuando su llave lo permita.

La mariposa se posó en el hombro del niño y luego voló hacia el arco de luz. El anciano la siguió con la mirada y suspiró.

Ya ves, hasta las alas tienen su hora.

El silencio los envolvió.

El anciano caminó hacia la luz. Avanzó un paso, luego otro. Cada paso se volvía más leve, más transparente, más eterno.

La luz del arco lo tocó, y por un instante, su cuerpo se volvió transparente, como si estuviera hecho de brisa y recuerdos.

El niño quiso detenerlo, pero algo en su interior le dijo que no debía.

El anciano lo miró una última vez, y con voz que parecía venir del viento, dijo:

Nos volveremos a ver. Todo camino verdadero lleva al reencuentro.

El niño lo observó hasta que su figura se fundió con la claridad.

Entonces comprendió: el puente no estaba afuera, sino dentro del corazón.

En el mismo instante, el niño cerró los ojos. Cuando los abrió, el anciano ya no estaba.

Solo quedaba su sombra fundida con la claridad del jardín… y el bastón, apoyado suavemente contra una roca, como si esperara a su dueño.

El niño lo tomó, lo sostuvo con reverencia, y miró hacia el arco.

La mariposa aún volaba allí, esperándolo, pero él sabía que su hora aún no había llegado.

Se sentó entre las flores, mirando el horizonte. Y entonces comprendió que el camino no se conquista con los pies… sino con el alma. Que cada paso, cada caída, cada amor y cada pérdida habían sido parte del mismo aprendizaje. Que no se trataba de llegar primero, sino de llegar despierto.

Y que lo eterno no comienza después de la muerte, sino cuando el corazón aprende a vivir sin miedo.

Así terminó su viaje, no con un adiós, sino con un entendimiento profundo: que el camino no termina, solo cambia de forma. Y que la conquista no está en alcanzar la meta, sino en haber sido transformado por ella.

SOBRE EL AUTOR (ESPAÑOL) VERSIÓN REVISADA

José Galván es una voz reflexiva forjada tanto por la disciplina intelectual como por una profunda introspección personal. Posee una Licenciatura en Contaduría Pública (1996) de la Universidad Tecnológica de Santiago (UTESA) y un Asociado en Ciencias de la Computación (1992) de la Universidad Pedro Henríquez Ureña (UNPHU), lo que refleja un equilibrio entre la lógica y la reflexión interior.

Más allá de su formación profesional, José Galván es un observador profundo de los caminos internos de la vida: las luchas silenciosas, las lecciones ocultas en el tiempo y la sabiduría que surge tanto de los comienzos como de los finales. Conquering the Pathway no es solo una obra literaria, sino una expresión de su visión filosófica: que la vida es un viaje que se construye no solo con pasos externos, sino con la evolución del alma.

A través de su escritura, no busca enseñar, sino acompañar; ofrecer al lector un espejo donde pueda reconocerse en sus propias experiencias, dudas y esperanzas. Su obra conecta con quienes comprenden que los mayores viajes no se miden en distancia, sino en conciencia, crecimiento y el valor de seguir adelante.

www.ingramcontent.com/pod-product-compliance
Lightning Source LLC
Chambersburg PA
CBHW020036110726
47973CB00001B/4